DON BOSCO
VERLAG

Sibylle Velter / Hermann Gschwendtner

Zauberer Zauselkopf

Klanggeschichten für Kinder von 4 bis 10

Don Bosco

Die Deutsche Bibliothek – CIP-Einheitsaufnahme

Velter, Sibylle:
Zauberer Zauselkopf : Klanggeschichten für Kinder
von 4 bis 10 / Sibylle Velter/Hermann Gschwendtner.
– 1. Aufl. – München : Don-Bosco-Verl., 1998
   ISBN 3-7698-1050-3

1. Auflage 1998/ISBN 3-7698-1050-3
© 1998 Don Bosco Verlag, München
Umschlag und Illustrationen: Felix Weinold
Notensatz: Notensatzstudio Nikolaus Veeser, Freiburg
Gesamtherstellung: Don Bosco Grafischer Betrieb, Ensdorf

Gedruckt auf chlorfrei gebleichtem, umweltfreundlichem Papier.

Inhalt

Die Klanggeschichten

Vier der Klanggeschichten (mit * gekennzeichnet) gibt es bei Patmos/pläne auf
MC (Best.-Nr. 3-491-87009-7) oder CD (Best.-Nr. 3-491-88757-7)

Einführung

Der zerstreute Zauberer Zauselkopf und die anderen Klanggeschichten in diesem Buch sind für Kinder im Alter von vier bis zehn Jahren geschrieben. Je nach Alter und Vorerfahrung kann man sie einfach nur vorlesen, sie musikalisch umsetzen oder mit darstellenden Mitteln ausschmücken und kreativ vertiefen. Die Kinder sind aktiv an der Umsetzung und Ausgestaltung der Klanggeschichten beteiligt und erhalten damit einen ganzheitlichen Zugang zu den Inhalten. Beim gemeinsamen Singen, Darstellen, Musizieren wird das soziale Miteinander in der Gruppe gefördert.

Die Beschäftigung mit den Klanggeschichten weckt Freude am Lesen und Zuhören. Die Synthese von Wort und Musik gibt Raum für die Förderung musischer Fähigkeiten. Auf spielerische Weise werden die Kinder mit einfachen Instrumenten vertraut. Die hier vorgegebene musikalische Umsetzung ist als Vorschlag zu verstehen. Sie kann je nach Gruppensituation und Vorerfahrung der Kinder abgewandelt werden. Erzieher/-innen und Lehrkräfte werden die Geschichte zuerst erzählen oder vorlesen – wobei ein guter (Augen-)Kontakt zur Gruppe gegeben sein sollte – und sich dann schrittweise den Inhalten der Geschichte nähern. Bei der Ausgestaltung kann man ohne weiteres einzelne Elemente aus der Klanggeschichte herausgreifen und diese gegebenenfalls auch vereinfachen. Die vorgegebenen Rhythmen, Melismen, Melodielinien wollen keinesfalls die eigene situationsbedingte Inspiration ausschließen. Vorschläge der Kinder sollten unbedingt aufgegriffen werden und in die musikalische Gestaltung einfließen. Nicht strenge und perfekte Einstudierung der Vorlage ist das Ziel, sondern der Spaß am Spielen und Musikmachen.

Andere Kinder, Erwachsene, Eltern, Großeltern können an diesem Spaß und am Erfolg der Kinder teilhaben, wenn ihnen die musikalische „Inszenierung" z.B. bei einem Fest im Kindergarten, im Hort, in der Schule oder der Gemeinde dargeboten wird. Und natürlich können die Klanggeschichten als Modell dienen, das auf andere Geschichten übertragen werden kann und das die Kinder anregt, andere Themen, ein Märchen, ihre Lieblingsgeschichte oder auch selbst erfundene Geschichten musikalisch anzureichern. Darüber hinaus können Klanggeschichten Ausgangspunkt eines Projekts zum Thema der Erzählung sein und viele unterschiedliche kreative und gemeinschaftliche Aktivitäten, vom Bilderbuchmalen bis zum Besuch im Tierpark, nach sich ziehen.

Sibylle Velter / Hermann Gschwendtner

Die Instrumente und ihre Symbole

Die verwendeten Instrumente entsprechen einer Orff-Schulwerk-Grundausstattung mit Schlaginstrumenten für die Bereiche Kindergarten-Vorschule-Grundschule sowie Flöten aller Art. Ergänzt wird diese Elementar-Percussion durch allerlei „klingendes" Kindergerät.

Schulwerk-Instrumente	Symbole	
Becken	╫	Cymbeln /
	┳	auf Beckenständer /
	⊥	an Handschleife hängend
Bongos		
Cabaza		
Chicken Shake (eigroße Plastikmaracas)		
Cowbell		
Fingercymbeln		
Glockenkranz		
Glockenspiel		
Große Trommel (oder Pauke, jedoch immer tiefstes Fellinstrument)		
Guiro		
Holzblocktrommel		
Kastagnetten (spanisch, Stiel-, auf Brett)		
Klangbausteine		
Maracas		
Metallophon		
Metall Shaker (Schüttelrohr)		
Pauke (oder Große Trommel, jedoch immer tiefstes Fellinstrument)		
Rahmenschellentrommel		

Rahmentrommel	○
Schellenband	∘∘∘∘
Schellenkranz	⬱
Schellenrassel	⚡
Schlagstäbe	//
Triangel	△
Wooden Agogo	⊐Ⅱ
Xylophon	▥
Zungentrommel	▭

Alternativ-Instrumente

Sicherlich stehen nicht immer alle aufgeführten Instrumente zur Verfügung. Neben eigener Erfahrung bieten dann ein zumindest annäherndes Klangbild z.B. folgende Möglichkeiten:

Cabaza	Guiro, Maracas, Metall Shaker
Cowbell	Becken auf der Glocke (Zentrumserhöhung)
Fingercymbeln	Triangel, einzelner Glockenspielstab
Guiro	s. u. Cabaza
Kastagnetten	Holzblocktrommel, Schlagstäbe, Wooden Agogo
Klangbausteine	Metallophon
Maracas	s. u. Cabaza
Metallophon	Klangbausteine
Schellenrassel	Schellenring
Schlagstäbe	Holzblocktrommel
Wooden Agogo	Holzblocktrommel, Holzröhrentrommel, Schlagstäbe

Klanggesten-Körperinstrumente

Hand = klatschen
Knie = patschen
Fuß = trampeln   Fuß Knie Hand

Flöten / Mundstück

Kindergeräte	Symbole
Brummkreisel	
Brummtopf (Löwengebrüll)	
Drehorgel	
Fahrradklingel	
Gummirohrschlauch	
Heulschlauch (Plastik)	
Holzpeitsche	
Kazoo (Membran-Sirene) oder großer Kamm	
Kindergitarre	
Kindertrommel	
Kindertrompete	
Knackfrösche	
Kokosnuss-Hälften (Hartholzschalen)	
Lokomotiv-Pfeife	
Metallblock	
Mofahupe	
Mundharmonika	
Mundsirene	
Pendelrassel (Bambus, Holz)	
Quietschmaus (-tier)	
Ratsche (Knarre)	
Triller-Pfeife	
Waldteufel (kleine Reibtrommel)	
Windspiel (Glas, Metall, Plastik)	
Ziehpfeife (Lotosflöte)	

zusätzlich:
Vehicle-Instrumente wie Blechdosen, Küchen-
geschirr, Haushaltstrichter, Milchflaschen u. v. a.

Hinweise zur Spieltechnik

Die spielgerechte, kindereigene Behandlung der Elementarinstrumente des Orff-Schulwerk-Katalogs sind im angesprochenen Blickfeld heute hinlänglich bekannt. Über weitere vertiefende Einsatzmöglichkeiten darüber hinaus wird auf das Buch „Kinder spielen mit Orff-Instrumenten – Anleitung-Themen-Modelle" im Don Bosco Verlag verwiesen.

Auch die Spieltechnik der neueren zeitnahen Rhythmusinstrumente (von der Percussion in das Schulwerk-Instrumentarium übernommen) lässt sich für Kinderhände problemlos anwenden.

Bongos

Im Elementarbereich wird dieses hellscharf klingende Trommelpaar auf einem Ständer befestigt. Man bespielt es mit Fingern, Händen oder Schlägeln (weich/hart), ebenso mit Schlägelstielen. Die optimale Anschlagfläche liegt zwischen Rand und Mitte.

Cabaza

Das von einem Kugelnetz umspannte Kopfteil wird in den linken Handteller gelegt und am Griff von der rechten Hand mehr oder weniger straff gegenläufig gedreht.

Cowbell

In der Hand gehalten oder aufgesteckt, kann diese (Kuh-)Glocke ohne Innenklöppel mit allen Schlägeltypen bespielt werden. Anschlagszonen: oben auf der Fläche, vorne an der Kante, im Hohlraum, der wiederum mit einem Dämpfungstuch ausgefüllt werden kann.

Guiro

Ein Schrapinstrument in verschiedenen Formen, elementar aus Bambus oder Holz. Kindereigen legt man das Instrument zweckmäßig in die Hand und schrapt (reibt) mit einem „Scraper", ein dünnes Holzstäbchen, über die gerillte Fläche.

Kastagnetten

Im Schulwerk-Instrumentarium sind sie als spanisches Modell (a), als Stielkastagnetten (b) und als Brett-Kastagnetten (c) ausgewiesen.

Spielweisen:

a) Eine Klapper (= 2 Schalen) mit Daumen und Zeigefinger gefasst, wird elementar in die Hand, auf dem Knie oder einer sonstigen Fläche gespielt.

b) Die lose an einem Stiel gebundenen Schalen vermögen hier nur einen Klappereffekt – eine Kastagnettenform, die im Elementarbereich rhythmisch wie dynamisch unbefriedigend ist.

c) Dieses Modell, zwei Klappern auf einer Konsole montiert, ist gerade für Kinderhände sehr einfach zu bedienen. Man kann das Instrument bequem mit Fingern, Händen oder Schlägeln beliebig bespielen.

Maracas

Rund oder oval, aus Holz oder Plastik, gefüllt mit verschiedenen Granulaten werden sie umgangssprachlich auch „Rasseln" genannt. So dienen Maracas in der Elementarzone auch vornehmlich dem geschüttelten Rasseleffekt. Ansonsten erreicht man eine Rhythmuslinie indem man zwei Maracas mit straffen Stoßbewegungen wechselseitig auf und ab schüttelt. Leisere Dynamik ergibt sich durch beklopfen einer Kugel mit der freien Hand.

Metall Shaker

Dieses Schüttelrohr fasst man a) entweder mit einer Hand in der Mitte oder b) beidhändig an den Enden. Der Spielablauf entspricht exakt den Maracas. Zum lautmalenden Regeneffekt lässt man den Inhalt langsam von Seite zu Seite rieseln.

Wooden Agogo

Die moderne Version der Holzröhrentrommel. Ihre beiden gerillten (Stumpf-)Röhren ermöglichen eine zusätzliche Spielweise ähnlich dem Guiro. (Das Pendant sind die metallischen Agogo Bells).

Zungentrommel

Geläufig auch als „Rhythm-log", dem sogenannten zungenbestückten Rhythmusklotz. Das dunkelgefärbte Klangspektrum der leicht anzutippenden Zungen erzielen am ehesten weiche Filzschlägel. Extreme Alternativen sind Schlägelköpfe aus Hartfilz, Garn oder Holz.

Anschlagmittel

- = hart
- = weich
- = mit Schlägelstiel
- = Fächerbesen aus Draht / Plastik
  (ugs.: Besen, Brush)

Diese Symbole über den Instrumentenzeichen stehen für eine optimale Klangwirkung.

Cluster
Tontrauben, die durch gleichzeitiges Anschlagen mehrerer Stäbe mittels einem quergehaltenen Stab gewonnen werden.

Glissando
Seitwärts in beiden Richtungen einzeln oder mit beiden Schlägeln über die Stabreihe gleiten; langsam oder schnell ↗ aufwärts, ↙ abwärts.

Streifschlag
Mit Metallstab schnell oder langsam vom Zentrum zum Rand streichen.

Wassertriangel
Das Instrument nach dem Anschlag sofort in Wasser tauchen (= weinen, seufzen).

Wischflächen
Mit Fingernägeln, Hand, Schlägelstiel oder Besen leicht über die Fellmembrane kreisen.

Wisch-Glissando
Innerhalb eines begrenzten Stabbereichs mit einem Schlägel (Kopf, Stiel) langsame oder schnelle Wischbewegungen.

Hinweise zu Organisation und Ablauf der Klanggeschichten

Die Legende vor jedem Klangspiel gibt Auskunft über:

Instrumente
Die Aufzählung erfolgt nach Reihenfolge des Einsatzes.

Organisation
Angebotene Einteilung nach Spielern oder Gruppen.

Verlauf
Kurzweilig und effektiv lassen sich die „Klangspiele" nur in mehreren → Phasen erspielen, wobei der ausgewiesene Ablauf kein zwingendes Pensum darstellt.

Ich wandere aus, dachte die Maus

Ein rhythmisches Spiel zum Sprechen,
Erfahren von metrischen Schwerpunkten,
Koordinieren von Sprache und Körperinstrumenten (Klanggesten)

Instrumente
Triangel △ oder Becken ┳ mit Metallstab
Schellenbänder ∞∞ um Handgelenke und Füße der Kinder

Verlauf

Phase 1 • Vorstellen der Erkennungswörter (z. B. *Ägypten, Maus/Mäuse, Schwalbe, Sommer* usw.)

• Klangsignale mit Hand und Fuß

Phase 2 • Abschiedslied = Sprechzeilen

• Durchlauf (zweckmäßig in mehreren Phasen)

◆◆◆◆◆

Mit △ oder ┳ kontinuierlich:

a) textbegleitend ruhig und azyklisch;

b) als Tempostütze zu den Sprechzeilen im ruhig fließenden Pulstempo.

„Ich will nach *Ägypten*", sagte die *Maus*, „ich will nach *Ägypten* auswandern. Die *Schwalbe* sagt, da ist immer *Sommer*, und das sagt auch der *Storch*. Der ist riesig groß, und der wird es deshalb auch wissen."
Schnell packt die kleine *Maus* ihr *Bündel*. Ein paar Halme und Körner als *Reise*proviant und ein großes kariertes *Taschentuch*, rot und weiß. „Das braucht man zum *Winken*", sagte die *Maus*. Abschied*winken* beim Ab*reisen* ist ganz furchtbar wichtig! Und ein Lied zum *Abschied!* Eigentlich ist es sonst gar keine *Reise*, fand die *Maus*. Es dauerte nicht lange, und sie hatte ihr *Abschied*slied gefunden:

Kinder achten und reagieren mit dem Klangsignal auf die ihnen bekannten Erkennungswörter:

Hände (schütteln)
Füße (trampeln)

Sprechzeilen
(im vorgegebenen - △ / ┳-Tempo)

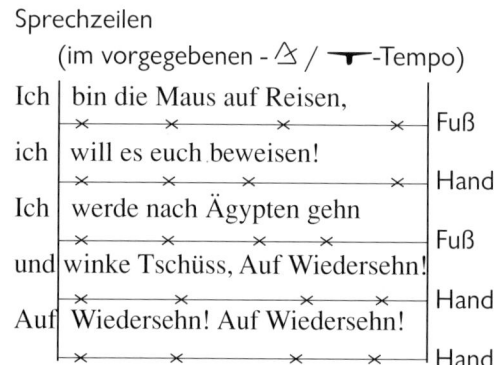

Ich	bin die Maus auf Reisen,	Fuß
ich	will es euch beweisen!	Hand
Ich	werde nach Ägypten gehn	Fuß
und	winke Tschüss, Auf Wiedersehn!	Hand
Auf	Wiedersehn! Auf Wiedersehn!	Hand
		Hand

14

Die Halme und Körner fanden ganz prima Platz in dem *Bündel*, und das rot-weiß-karierte *Taschentuch* band sie sich um den *Hals*. So hatte sie eine Vorderpfote frei, konnte schnell das Tuch lösen und fest damit *winken* beim Singen. Sie probierte es ein paarmal aus, es klappte ganz gut, und das war sehr wichtig fand die *Maus*.

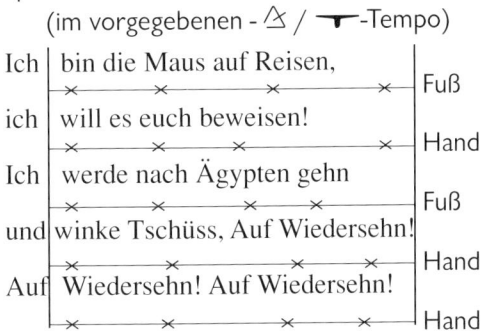

Sie war gerade beim 19. Übungsversuch, da kam die *Schwalbe* vorbeigeflogen. Sie stoppte sofort den *Flug*, blieb flatternd über der winkenden *Maus* in der *Luft* stehen und staunte nicht schlecht über die Winkübungen und das tolle Lied.

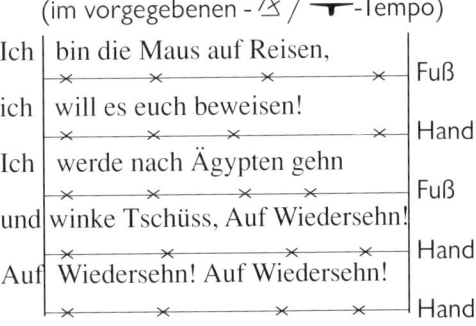

„Tschüß, ich reise nach *Ägypten* aus", rief die *Maus* nach oben, und wedelte wie ein Weltmeister mit dem rot-weiß-karierten *Taschentuch*. „Viel Glück", zwitscherte

die *Schwalbe*, „sieht toll aus, wie du ab-
reist. Jeder kann es sehen und hören!"
Damit flog sie lachend davon.
Beim 23. Übungsversuch, schnell das
Tuch vom *Hals* zu lösen und damit zu
winken und dabei zu singen, stakste der
Storch vorbei. Verwundert hörte er zu.

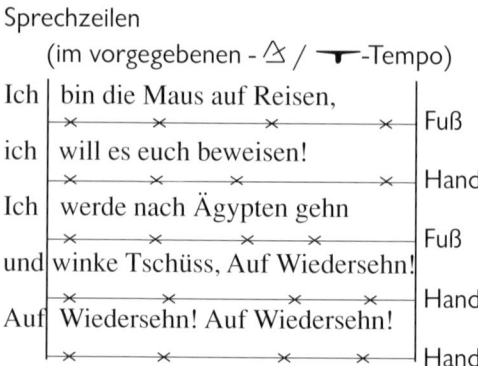

Sprechzeilen
(im vorgegebenen - △ / ⊤-Tempo)

Ich | bin die Maus auf Reisen, — Fuß
ich | will es euch beweisen! — Hand
Ich | werde nach Ägypten gehn — Fuß
und | winke Tschüss, Auf Wiedersehn! — Hand
Auf | Wiedersehn! Auf Wiedersehn! — Hand
— Hand

Er bestaunte die Akrobatikübungen und
das Lied der kleinen *Maus* so fasziniert,
dass er dabei völlig vergaß, dass er eigentlich *Mäuse* ganz gern zum *Frühstück*
verspeiste. Kopfschüttelnd machte er sich
davon.
Als sich die kleine *Maus* gerade das rot-
weiß-karierte *Taschentuch* wieder umge-
bunden, ihr *Bündel* mit den Halmen und
Körnern über die *Schulter* geschwungen
hatte und sich endlich auf den Weg nach
Ägypten machen wollte, kam der *Feld-
hase* vorübergehoppelt. „Wo willst du
hin, mein Freund", mümmelte er über-
rascht. „Ich *reise* nach *Ägypten* aus",
piepste die kleine *Maus* fröhlich zurück,

„gell, das sieht man gleich, dass ich auf *Reisen* gehe, warte noch!" Schnell band sie sich das rot-weiß-karierte *Taschentuch* ab und begann dem *Hasen* zu *winken* so fest sie konnte. Dabei schmetterte sie ihr Lied, so gut *Mäuse* eben Lieder schmettern können.

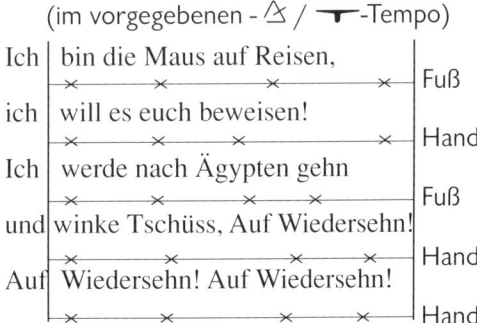

Sprechzeilen
(im vorgegebenen - △ / ⊤ -Tempo)

Ich | bin die Maus auf Reisen,   Fuß
ich | will es euch beweisen!   Hand
Ich | werde nach Ägypten gehn   Fuß
und | winke Tschüss, Auf Wiedersehn!   Hand
Auf | Wiedersehn! Auf Wiedersehn!   Hand

„Tschüss, tschüss!"
Es gefiel der *Maus* von Mal zu Mal besser, dass alle ihre Freunde sie ansprachen, ihr Glück für die *Reise* wünschten und dass sie so schön zum Abschied *winken* und singen konnte. Das machte sie sehr, sehr glücklich.
Wie weit die kleine *Maus* jetzt wohl schon *gereist* ist? *Ägypten* soll sehr schön sein, aber singen und *winken* mit einem rot-weiß-karierten *Taschentuch* auch!

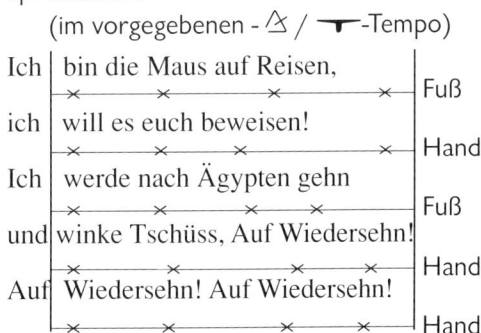

Sprechzeilen
(im vorgegebenen - △ / ⊤ -Tempo)

Ich | bin die Maus auf Reisen,   Fuß
ich | will es euch beweisen!   Hand
Ich | werde nach Ägypten gehn   Fuß
und | winke Tschüss, Auf Wiedersehn!   Hand
Auf | Wiedersehn! Auf Wiedersehn!   Hand

Reginald, der Regenwurm

Ein Spiel-Lied für
Hände und Füße

(Körper-)Instrumente

Füße	– trippeln
Knie	– patschen
Hände	– klatschen

Glockenspiel ▭, Rahmentrommel ○

Organisation
Gruppe

Verlauf

Phase 1
- Bewegungsmäßiges Erfahren der Geh- und Laufnote (Tempo auf Rahmentrommel vorgeben)
- Rhythmisches Sprechen der 6 Regenwörter (Regenschirme, Regenmäntel ...), dazu Koordination der Klanggesten

Phase 2
- Regensong

Phase 3
- Erzählung

Phase 4
- Klangspiel

Jede Klangzeile wird zügig, rhythmisch vorgesprochen.

Die Kinder wiederholen jeweils:

Es gibt

Re - gen- schir- me,   Re - gen - män - tel,
×   ×   ×   ×   ×   ×   ×   ×
_____   _____
(trippeln)   (patschen)

Re - gen - ja - cken,   Re - gen- schu - he,
×   ×   ×   ×   ×   ×   ×   ×
_____   _____

Re - gen-schau- er,   Re - gen - wet - ter.
×   ×   ×   ×   ×   ×   ×   ×
_____   _____

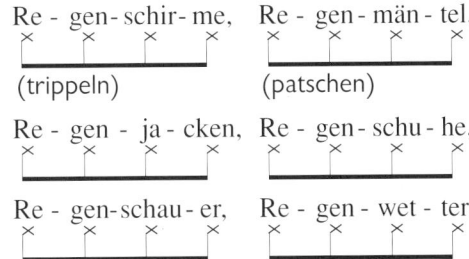

Re - gen- schir- me,   Re - gen - män - tel,
×   ×   ×   ×   ×   ×   ×   ×
_____   _____
(trippeln)   (patschen)

Re - gen - ja - cken,   Re - gen- schu - he,
×   ×   ×   ×   ×   ×   ×   ×
_____   _____

Re - gen-schau- er,   Re - gen - wet - ter.
×   ×   ×   ×   ×   ×   ×   ×
_____   _____

Und bei Regenwetter kommt er auch heraus – Reginald der Regenwurm; den gibt es nämlich auch.

Mit den Füßen langsam scharren

↑   ↓   ↑   ↓   ↑   ↓   ↑

Er hat sich im Garten unter der Erde eine wunderbare Wohnung geschaffen: viele Gänge, er nennt sie Gassen,

(dazu:)
viele Höhlen, er nennt sie Plätze, und natürlich viele Gucklöcher nach oben. Die nennt er seine Fenster. Schließlich will und muss Reginald ja wissen, wann es regnet. Schon lange wartet er da unten jetzt auf Regen.

Beginn der Lippen-Musik (lautmalend blubbern)

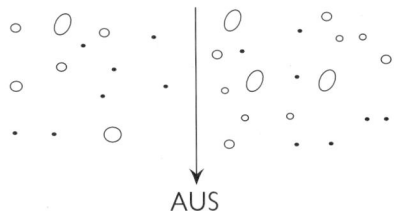

AUS

Jede Klangzeile wird vorgesungen.　　　Die Kinder wiederholen.

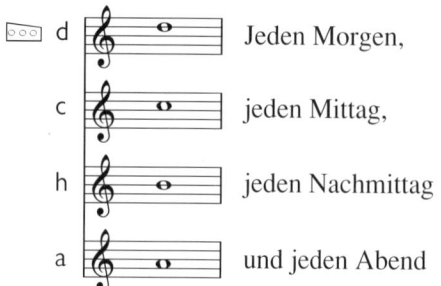

d	Jeden Morgen,	Jeden Morgen,
c	jeden Mittag,	jeden Mittag,
h	jeden Nachmittag	jeden Nachmittag
a	und jeden Abend	und jeden Abend

kriecht er hinauf um nachzusehen. Und
dabei singt er seinen Regensong:

(Singen oder auf Glockenspiel)

Re - gen - trop - fen, Re - gen - trop - fen, herr - lich auf die Er - de klop - fen.
(patschen)
Kinder wiederholen: singen und patschen im gleichen Rhythmus

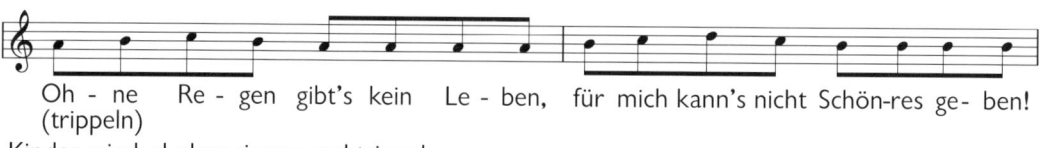

Oh - ne Re - gen gibt's kein Le - ben, für mich kann's nicht Schön-res ge- ben!
(trippeln)
Kinder wiederholen: singen und trippeln

Re - gen - trop - fen, Re - gen - trop - fen, herr - lich auf die Er - de klop - fen!
(patschen)
Kinder wiederholen: singen und patschen

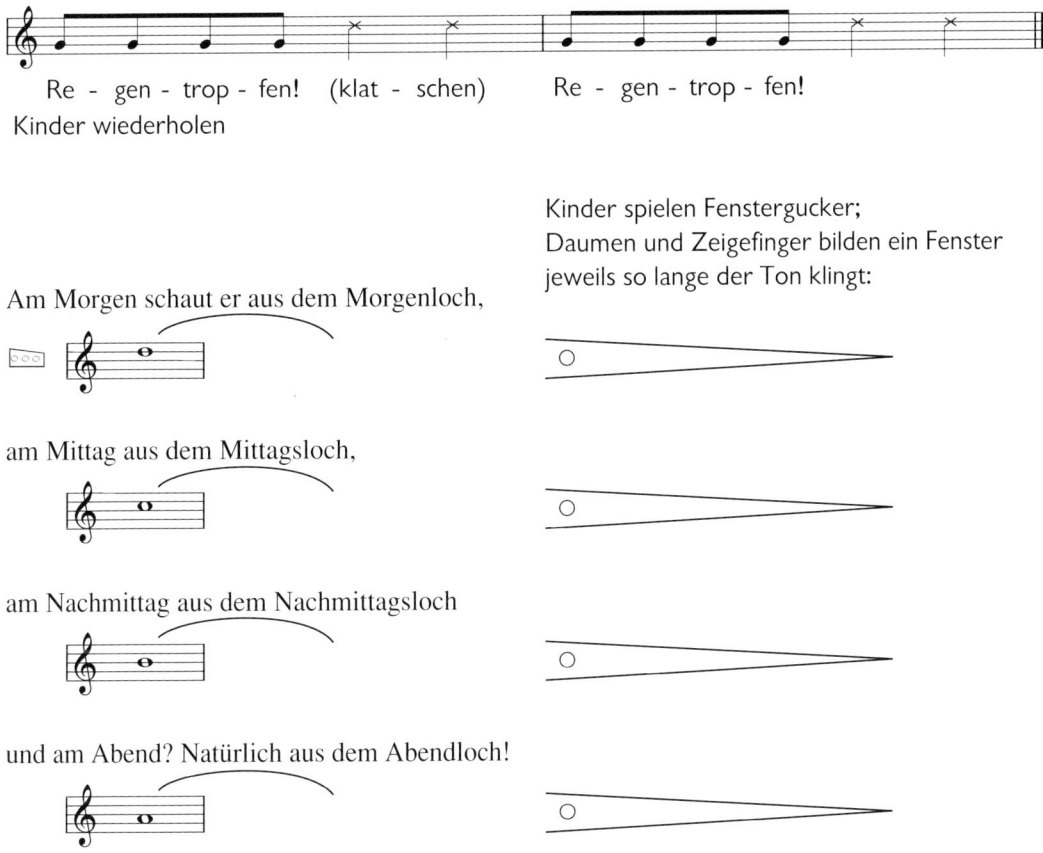

Re - gen - trop - fen! (klat - schen) Re - gen - trop - fen!
Kinder wiederholen

Kinder spielen Fenstergucker;
Daumen und Zeigefinger bilden ein Fenster
jeweils so lange der Ton klingt:

Am Morgen schaut er aus dem Morgenloch,

am Mittag aus dem Mittagsloch,

am Nachmittag aus dem Nachmittagsloch

und am Abend? Natürlich aus dem Abendloch!

Und jedesmal singt er seinen Regensong.
Es könnte ja helfen. Endlich! Eines
Abends ist es soweit.
Es regnet.

(dazu:)

Durch das Abendguckloch rollen dicke, schwere, nasse Regentropfen in die unterirdischen Gassen und auf die unterirdischen Plätze des Regenwurms Reginald. Des überglücklichen Regenwurms Reginald! Du musst nämlich wissen, für Regenwürmer gibt es nichts Schöneres als eine richtig überschwemmte Wohnung.

Glücklich kriecht Reginald aus seinem feuchten Abendloch hinaus in den Garten.

Es ist ein warmer, sanfter Sommerabend und ein warmer, sanfter Sommerregen.

Er räkelt sich,

er streckt sich,

er wird riesengroß,

er zieht sich zusammen,

er schrumpft,

er wird winzig klein.

schnalzen, patschen, trippeln, Lippenmusik, Fingertrommeln auf Tisch, Stuhl, Boden:

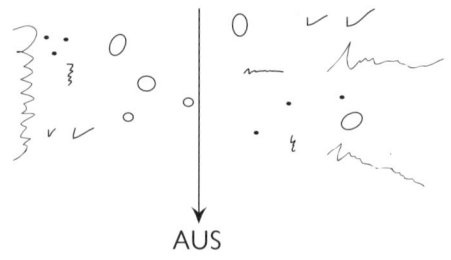

AUS

Scharrfuß

↑   ↓   ↑   ↓   ↑

2 Gruppen:
Regen =
Fingertrommeln

Gesten =
auf Trommelsignal jeweils die entsprechende Bewegung

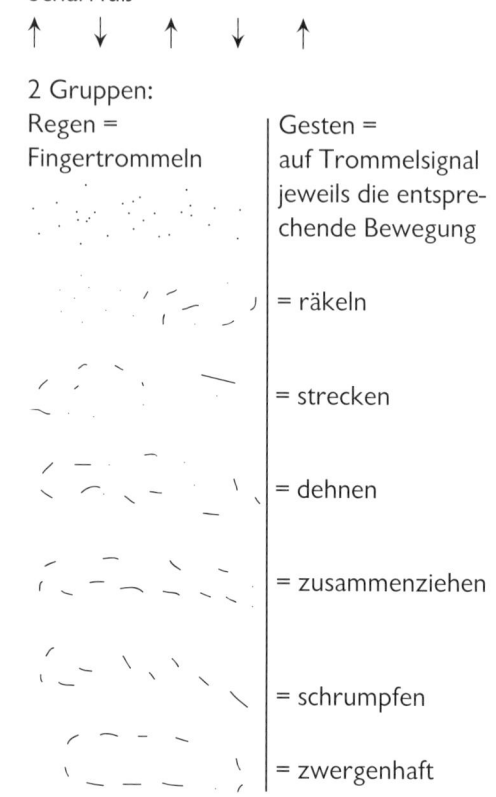

= räkeln

= strecken

= dehnen

= zusammenziehen

= schrumpfen

= zwergenhaft

Er rollt sich auf den Bauch, er rollt sich auf den Rücken, er lacht und ist ganz nass und ganz glücklich. Und er singt seinen Regensong. Diesmal laut und fröhlich.

(Singen oder auf Glockenspiel)

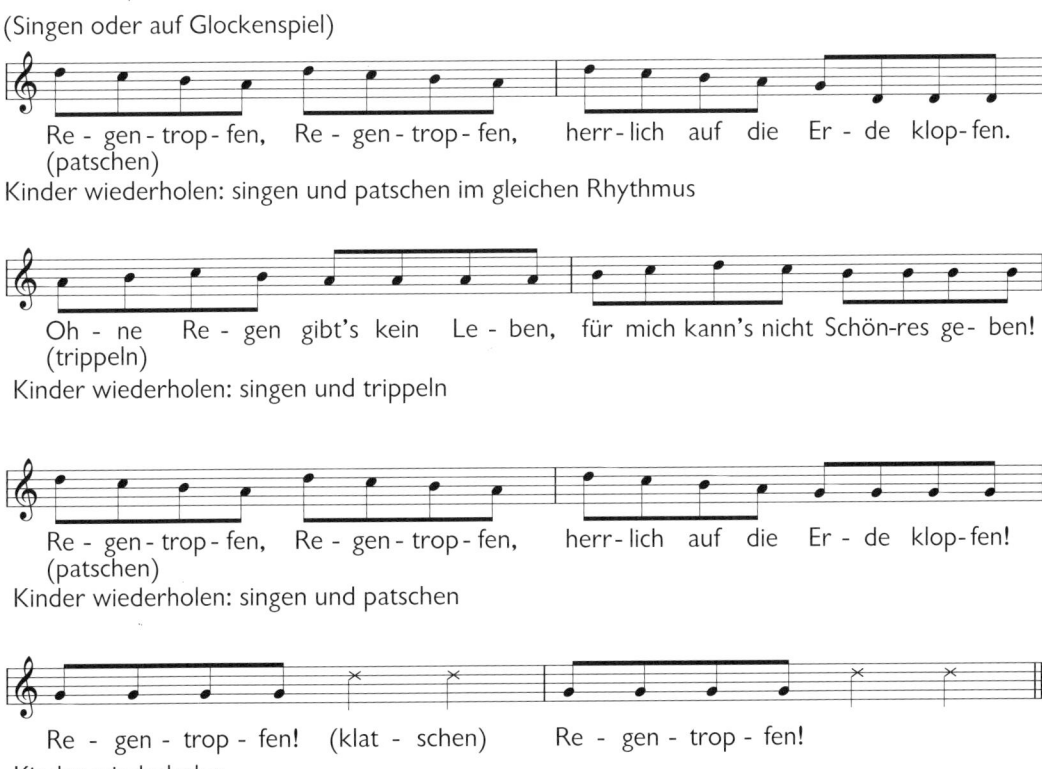

Re - gen - trop - fen, Re - gen - trop - fen, herr - lich auf die Er - de klop - fen.
(patschen)
Kinder wiederholen: singen und patschen im gleichen Rhythmus

Oh - ne Re - gen gibt's kein Le - ben, für mich kann's nicht Schön-res ge - ben!
(trippeln)
Kinder wiederholen: singen und trippeln

Re - gen - trop - fen, Re - gen - trop - fen, herr - lich auf die Er - de klop - fen!
(patschen)
Kinder wiederholen: singen und patschen

Re - gen - trop - fen! (klat - schen) Re - gen - trop - fen!
Kinder wiederholen

Dann macht er sich auf den Weg. Er begrüßt die dunkelnassglänzenden Pflanzen und winkt ihnen zu. „Hallo, da bin ich wieder!"

Kinder wiederholen:
„Hallo, da bin ich wieder."

Er trifft zwei Käfer, die es sehr eilig haben, um unter Blätter ins Trockene zu flüchten. Das findet er sehr lustig und er schaut zu, wie sie hastig und brummelig davonkrabbeln.

schnelles Trippeln mit den Fußspitzen:

Bald begegnen ihm auch seine Freunde. Viele Regenwürmer haben den lauen Sommerregen sehnsüchtig erwartet. Es ist ein richtiges Regenwurmfestwetter.

lustiges, freies Spiel mit den Körperinstrumenten:
schnalzen – patschen – trippeln – Fingertrommeln – Lippenmusik – Fingerstupsen an aufgeblasenen Wangen u.v.m.

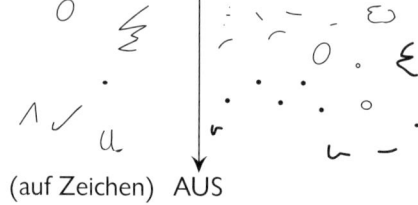

(auf Zeichen) AUS

(dazu:)
Ein gemütliches Plantschen, Spritzen, Spielen, Suchen und Fangen in Wasserlachen, feuchter Erde und nassem, tropfendem Gras.

Reginald stimmt sein Regenwurmlied an. Es wirkt sehr ansteckend auf alle seine Freunde. Sie sind begeistert. Nun singen alle Regenwürmer miteinander, und am lautesten natürlich Reginald.

(Singen oder auf Glockenspiel)

Re - gen - trop - fen, Re - gen - trop - fen, herr - lich auf die Er - de klop - fen.
(patschen)
Kinder wiederholen: singen und patschen im gleichen Rhythmus

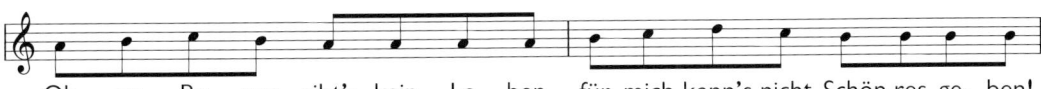

Oh - ne Re - gen gibt's kein Le - ben, für mich kann's nicht Schön-res ge - ben!
(trippeln)
Kinder wiederholen: singen und trippeln

Re - gen - trop - fen, Re - gen - trop - fen, herr - lich auf die Er - de klop-fen!
(patschen)
Kinder wiederholen: singen und patschen

Re - gen - trop - fen! (klat - schen) Re - gen - trop - fen!
Kinder wiederholen

Die kleine Eisenbahn

Ein Lied-Bewegungs-Spiel

Instrumente

Rahmentrommel/Fellinstrumente ○, Lokomotiv- oder Trillerpfeife ⌄ ☞, Glockenspiel ▱, Cowbell ⊑, Cabaza ▦, diverse Metallinstrumente wie: Becken ⊣⊢ – ⟙ – ⊥, Fingercymbeln ◇, Glockenkranz ⌒, Klangbausteine ⁞, Metallophon ▱, Triangel △

Organisation
Eisenbahnspieler (Rhythmus)
Eisenbahnsänger (Lied)
staunende Leute (diverse Metallinstrumente)

Verlauf
Phase 1 • Eisenbahnrhythmus (zunächst frei; dann im Liedtempo)
Phase 2 • Eisenbahnlied (vorwärts – rückwärts – Ausklang)
Phase 3 • staunende Leute (Klangspielereien auf allen Metallinstrumenten = Klang-
          Improvisation)
Phase 4 • Erzählung
Phase 5 • Klangspiel

◆◆◆◆◆

Eisenbahnspieler =
Rhythmus mit ⚹ auf ◯ oder anderen Fellinstrumenten schaben:

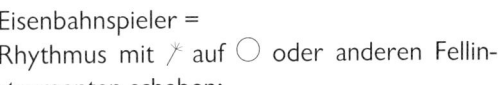

(ra - ta - ta - ta ‖ ra - ta - ta - ta)

(dazu:)
Die kleine Eisenbahn fand ihr Leben ent-
setzlich langweilig und traurig.

Tag für Tag rollte sie nur vorwärts auf ihren Schienen. Tag für Tag stiegen am
Morgen die Leute ein, fuhren, noch müde
von der Nacht, zur Arbeit und stiegen am
Abend wieder ein, diesmal müde von der
Arbeit. Niemand beachtete den anderen,
niemand schaute hinaus aus dem Fenster
und noch weniger achtete jemand auf die
kleine Eisenbahn, die Tag für Tag immer
vorwärts in ihren Schienen fuhr, immer in
einem großen Kreis.

Signal mit Lokomotiv- oder Trillerpfeife

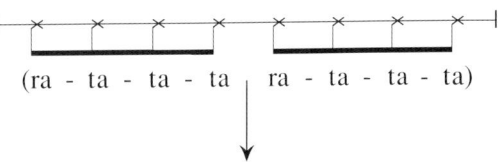

kontinuierlich bis
Liedende

Eisenbahnlied (vorwärts):

27

Ton-, Tempovorgabe:

Eisenbahnsänger

Ra - ta - ta - ta, ra - ta - ta, ich
hab das Le - ben satt!
im - mer vor - wärts oh - ne Freu - de,
im - mer lau - ter mü - de Leu - te.
Ra - ta - ta - ta, ra - ta - ta, ich
hab das Le - ben satt! Pfiff

Arbeit macht müde. Sicher. Aber konnte
das wirklich alles sein? War das, was die
Menschen da lebten, wirklich Leben?
Eines Morgens beschloß die kleine Eisenbahn einmal alles anders zu machen.

Die Leute stiegen wieder, noch müde von der Nacht, ein. Mürrische Gesichter, kein Blick zur Seite oder auf die kleine Eisenbahn. Die kleine Eisenbahn fuhr an – und rollte rückwärts auf ihren Schienen! Sie stampfte vor Vergnügen.

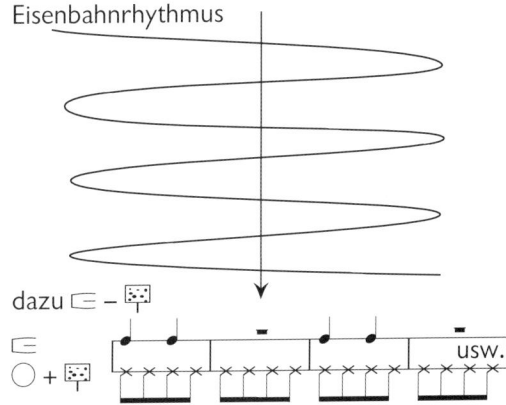

+ Signalpfeife

Die Nacht kam zurück, die müden Leute schliefen ein. Sie schliefen dieselbe Nacht zurück. Als sie aufwachten, waren sie müde von der Nacht. Das kannte die kleine Eisenbahn schon. Also fuhr sie immer noch rückwärts.

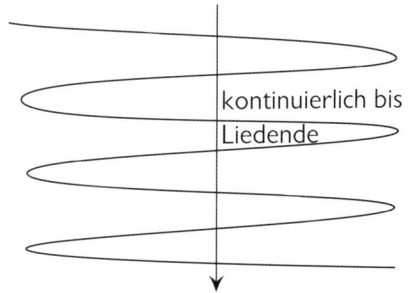

Ton, Tempovorgabe:

Eisenbahnlied (rückwärts)

Ra - ta - ta - ta, ra - ta - ta, ich

hab das Le - ben satt!

Rück-wärts fah-ren macht viel Freu-de,

Au-gen auf ihr mü-den Leu-te!

Ra - ta - ta - ta, ra - ta - ta, ich

hab das Le - ben satt! ↗
Pfiff

Die kleine Eisenbahn fuhr so lange rück-wärts, bis der halbe Arbeitstag um war und die Leute nicht mehr und noch nicht müde waren. Da hielt sie an. Die Leute staunten. Es war heller Tag, die Sonne schien und sie waren nicht müde. Sie sahen einander an und kannten sich nicht, obwohl sie Tag für Tag zusammen mit der kleinen Eisenbahn fuhren. Sie lachten sich an, und sahen nach draußen. Und das, was sie sahen, gefiel ihnen sehr.

Beginn von Klangspielereien auf allen Metall-instrumenten

AUS

Sie stiegen aus, sprachen miteinander und staunten. Wie schön war die Welt! Sie sahen die Bäume, die Sträucher, die Vögel, die Wolken, den Himmel, die Sonne – und die kleine Eisenbahn.

Das war der schönste Tag in ihrem Leben! Die kleine Eisenbahn strahlte und funkelte wie verzaubert. Es war ein geschenkter Tag. Dann fuhr die kleine Eisenbahn wieder los. Aber vorwärts.

Eisenbahnrhythmus (ohne ⊏ und ⊞)

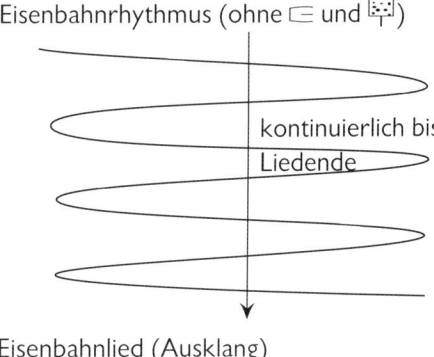

kontinuierlich bis Liedende

Eisenbahnlied (Ausklang)

Ton-, Tempovorgabe:

Eisenbahnsänger

Ra - ta - ta - ta, ra - ta - ta, jetzt

fin - det Le - ben statt!

vor - wärts fah - ren macht viel Freu - de,

Au - gen auf, ihr mü - den Leu - te.

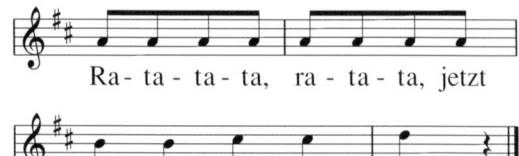

Ra - ta - ta - ta, ra - ta - ta, jetzt

fin - det Le - ben statt! Pfiff

Sie fuhr schneller und schneller. Sie fuhr
auch die Nacht durch.

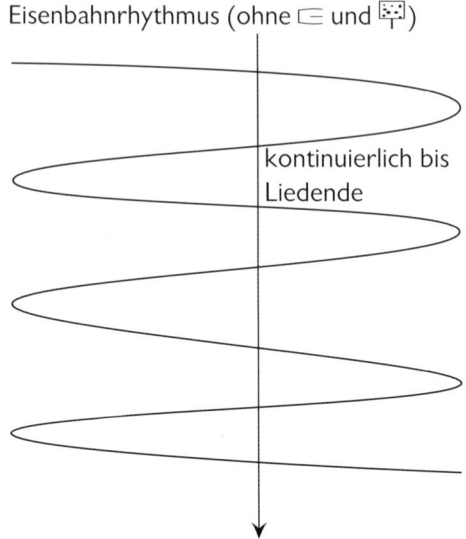

Eisenbahnrhythmus (ohne ⊏ und 🔲)

kontinuierlich bis
Liedende

Eisenbahnlied (Ausklang)

Verträumt stiegen die Leute aus und
gleich wieder ein. Sie begrüßten sich, waren freundlich zueinander. Immer sahen
sie jetzt die Bäume, die Sträucher, die
Vögel, den Himmel, die Sonne oder auch
den Regen. Und noch viel, viel mehr.
Sich selbst und die anderen und – auch
die kleine Eisenbahn, die wieder Tag für
Tag vorwärts rollte auf ihren Schienen;
immer in einem großen Kreis.

Ton-, Tempovorgabe:

Eisenbahnsänger

Ra- ta - ta - ta, ra - ta - ta, jetzt

fin - det Le - ben statt!

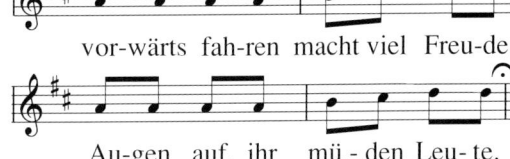

vor-wärts fah-ren macht viel Freu-de,

Au-gen auf, ihr mü - den Leu- te.

Ra- ta - ta - ta, ra - ta - ta, jetzt

fin - det Le - ben statt! Pfiff

(evtl. als Bewegungsspiel im Kreis)

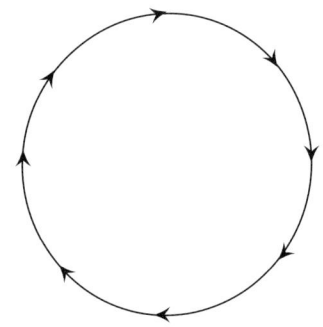

Der neugierige Frosch

Ein Spiel am Teich

Instrumente

Rahmentrommel ◯, Knackfrösche ⊏, Triangel △, Glockenspiel ▱, Maracas ⬭, Wooden Agogo ⊞, Metallophon ▱, Schlagstäbe ⫽, Pauke ⏀
1 Xylophonplatte, 2 Kämme ⫿⫿⫿

Organisation				Verlauf	
Frosch	1 Spieler	⎫		Phase 1	• vokal = Frosch- und Entenquaken
Ente	1 Spieler	⎪			• Instrumentenkontakt
Biber	1 Spieler	⎬ auch chorisch		Phase 2	• Bewegungsspiele
Karpfen	1 Spieler	⎪ zu besetzen		Phase 3	• Erzählung
Libelle	1 Spieler	⎪		Phase 4	• Klangspiel
Storch	1 Spieler	⎭			
Gruppe					

Am Ufer des Sees wohnt seit langer Zeit ein graugrüner Wasserfrosch. Er führt dort ein recht fröhliches Leben. Wenn er Lust hat, strampelt er im Wasser umher

Frosch: mit dem ⚡ spazierend auf ○ klatschen

oder er hüpft durch das feuchte Gras

Gruppe: mit ⌐ klicken

oder er schaukelt gemütlich auf einem Seerosenblatt

oder er lauert still im Schilf des Ufers auf eine Fliege.

mit aufgeblasenen Wangen stimmlos durch die Lippen pusten

Oder aber er gibt ein lautes Quakkonzert. Das macht er, wenn er besonders fröhlich ist oder wenn es ihm besonders langweilig ist. So wie heute. Er sitzt also gerade im Uferschlamm und quakt seine besondere Langeweile lauthals hinaus. Es ist ihm so schrecklich langweilig. Quaaaak, quaaaak!

Frosch: singen

qua - qua - quak, qua - qua - qua - quaak!

Als er eben sein Froschmaul besonders weit aufreißt, um ganz besonders laut zu quaken, fällt sein Blick hinüber auf das andere Ufer des Sees. Dort drüben war er noch nie! Das wär's!

Frosch: kräftig mit ⚡ auf ◯

Neues Ufer, neue spannende Wasserwelt, neue Seerosenblätter und überhaupt alles neu. Ein Abenteuer wartet auf ihn. Schnell schließt er sein Maul und hüpft an den Rand des Wassers.

Gruppe: mit ⊏ klicken

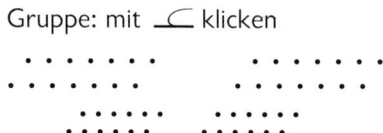

Aber das Ufer ist so schrecklich weit weg! Das schafft der Frosch nie. So weit kann er nicht schwimmen. Aufgeregt hüpft er im Schlamm umher,

Gruppe: mit ⊏ klicken

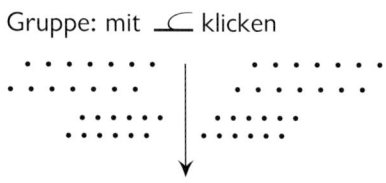

Die Abenteuerlust hat ihn doch gepackt!
Er will unbedingt hinüber.

dazu:

singen

qua-qua-quak, qua-qua-qua-quaak!

Da schwimmt eine Ente langsam auf ihn
zu.

Ente:

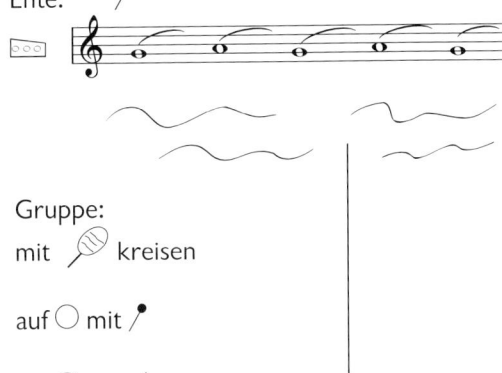

Sie dreht einen Kreis,

taucht mit dem Kopf unter,

streckt ihm ganz frech ihr Schwänzchen
entgegen,
taucht dann wieder ganz dicht vor dem
Frosch auf.

Gruppe:

mit ✎ kreisen

auf ○ mit ♪

auf ○ mit ♩

auf ○ mit ♪

Er winkt ihr aufgeregt zu: „Hallo Ente,
bringst du mich hinüber ans andere
Ufer?" „Was soll ich tun?", quakt die
Ente erstaunt zurück. „Mich ans andere
Ufer bringen. Ich bin so neugierig auf die
neue Welt da drüben!", bettelt der Frosch.

singen

qua-qua-quak, qua-qua-qua-quaak!

„Dann schwimm doch selber, du Abenteurer", quakt die Ente, „was soll ich da drüben? Da ist die Welt fremd und gefährlich, hier kenne ich alle Futterplätze und jeden. Hier geht es mir gut!" Sie dreht sich um und rudert gelangweilt davon.

Ente:

Aber das schafft der Frosch nie. So weit kann er nicht schwimmen. Aufgeregt hüpft er im Schlamm umher,

Gruppe: mit ⌒ klicken

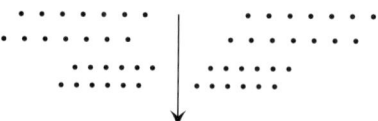

die Abenteuerlust hat ihn doch gepackt! Er will unbedingt hinüber!

dazu:

singen

qua - qua - quak, qua - qua - qua - quaak!

Da trippelt ein Biber auf ihn zu.

Biber:

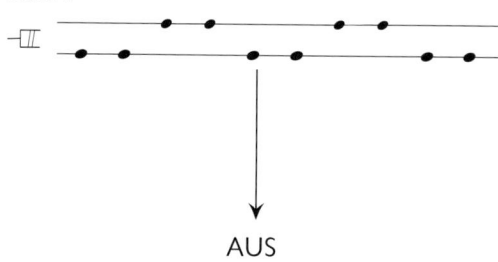

AUS

Er hat ein dickes Stück Ast zwischen seinen Nagezähnen und legt es ganz dicht vor dem Frosch nieder.

Der Frosch ruft ihm aufgeregt zu: „Hallo Biber, bringst du mich hinüber ans andere Ufer?" „Was soll ich tun?", krächzt der Biber erstaunt zurück. „Mich ans andere Ufer bringen. Ich bin so neugierig auf die neue Welt da drüben!", bettet der Frosch.

singen

qua - qua - quak, qua - qua - qua - quaak!

„Dann schwimm doch selber, du Abenteurer", krächzt der Biber, „was soll ich da drüben". Da ist die Welt fremd und gefährlich, hier kenne ich alle Bäume und jeden. Hier geht es mir gut!" Er nimmt das Aststück und verschwindet raschelnd im Schilf.

Biber:

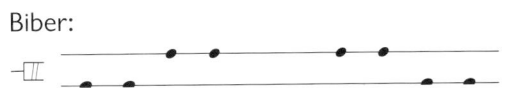

Aber das schafft der Frosch nie! So weit kann er nicht schwimmen. Aufgeregt hüpft er im Schlamm umher,

Gruppe: mit ⌒ klicken

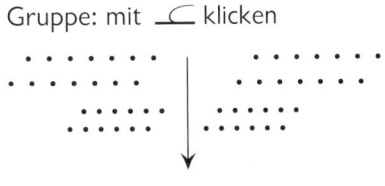

die Abenteuerlust hat ihn doch gepackt!

dazu:

singen

qua - qua - quak, qua - qua - qua - quaak!

Er will unbedingt hinüber.

Da taucht ein dicker Karpfen auf ihn zu.

Karpfen: stimmhaft mit der Zunge durch die Lippen blubbern

bbl   bbl   bbl
           bbl   bbl
    bbl

AUS

Er blubbert gemütlich vor sich hin, gründelt im Schlamm des Ufers und bleibt dicht vor dem Frosch stehen.

Der Frosch ruft ihm aufgeregt zu: „Hallo Karpfen, bringst du mich hinüber ans andere Ufer?" „Was soll ich tun?", gluckst der dicke Karpfen erstaunt zurück. „Mich ans andere Ufer bringen. Ich bin neugierig auf die andere Welt da drüben!", bettelt der Frosch.

singen

qua - qua - quak, qua - qua - qua - quaak!

„Dann schwimm doch selber, du Abenteurer", gluckst der Karpfen, „was soll ich da drüben. Da ist die Welt fremd und gefährlich, hier kenne ich alle Angelhaken und jeden. Hier geht es mir gut!" Er blubbert gemütlich vor sich hin,

Karpfen: stimmhaft blubbern

bbl   bbl   bbl
           bbl   bbl
    bbl

AUS

gründelt noch einmal im Schlamm und dreht sich um. Nur noch kurz ist die Schwanzflosse zu sehen, dann ist er verschwunden.

Aber das schafft der Frosch nie! So weit kann er nicht schwimmen. Aufgeregt hüpft er im Schlamm umher,

Gruppe: mit 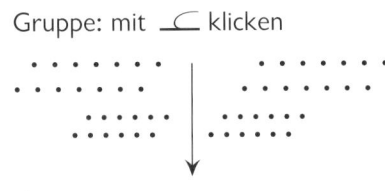 klicken

die Abenteuerlust hat ihn doch gepackt! Er will unbedingt hinüber.

dazu:

singen

qua - qua - quak, qua - qua - qua - quaak!

Da brummt eine große Libelle auf ihn zu. Sie zieht einen Kreis, segelt knapp über die Wasseroberfläche und landet dicht vor dem Frosch auf einem Blatt.

Libelle:

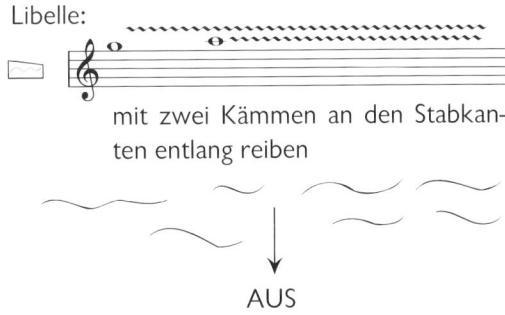

mit zwei Kämmen an den Stabkanten entlang reiben

AUS

Der Frosch ruft ihr aufgeregt zu: „Hallo Libelle, bringst du mich hinüber ans andere Ufer?" „Was soll ich tun?", schnurrt die große Libelle erstaunt zurück. „Mich ans andere Ufer bringen. Ich bin neugierig auf die neue Welt da drüben!", bettelt der Frosch.

singen

qua - qua - quak, qua - qua - qua - quaak!

„Dann schwimm doch selber, du Abenteurer", schnurrt die Libelle, „was soll ich da drüben. Da ist die Welt fremd und gefährlich, hier kenne ich alle Blüten und

jeden. Hier geht es mir gut! Außerdem
bist du mir viel zu schwer!"
Die Libelle startet und schwingt ihre Flügel, schüttelt verwundert das Köpfchen
und verschwindet im blauen Himmel.

Libelle:

Aber das schafft der Frosch nie! So weit
kann er nicht schwimmen. Aufgeregt
hüpft er im Schlamm umher,

Gruppe: mit ⌐ klicken

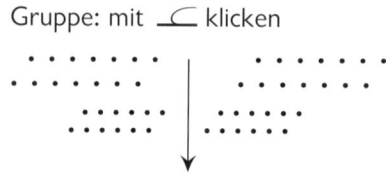

die Abenteuerlust hat ihn doch gepackt!
Er will unbedingt hinüber.

dazu:

singen

qua - qua - quak, qua - qua - qua - quaak!

Da stakst ein Storch auf ihn zu.

Storch: ∥ mit 1 Schlagstab auf eine größere,
in der Hand gehaltenen Xylophonplatte spazieren

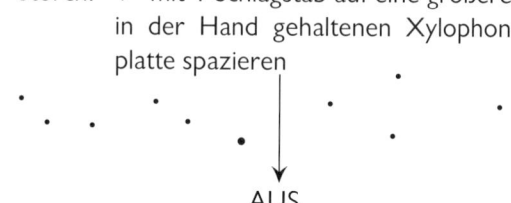

AUS

Er setzt elegant ein langes rotes Bein vor
das andere, sein Kopf ist gesenkt, sein
Schnabel sucht im Uferschlamm.

Der Frosch ruft ihm aufgeregt zu: „Hallo
Storch, bringst du mich hinüber ans andere Ufer?" „Was soll ich tun?", klappert
der Storch erstaunt zurück. „Mich ans an-

dere Ufer bringen. Ich bin neugierig auf die neue Welt da drüben!", bettelt der Frosch.

qua - qua - quak, qua - qua - qua - quaak!

Au weia! Ein Satz,

und der neugierige Frosch ist verschwunden. Nein, nicht im Schnabel des Storches! Der stakst kopfschüttelnd davon.

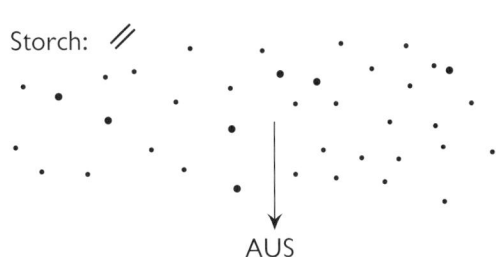

Und weit draußen im See paddelt der Frosch.

Ob er ans andere Ufer gekommen ist, weiß ich nicht.

Aber *er* weiß jetzt, dass auch die alte Welt nicht ohne Abenteuer ist.

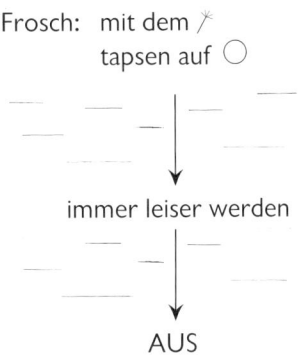

Falls er zurück kommt.

Der rote Vogel

Ein Vogelkonzert

Instrumente

Ziehpfeife (Lotosflöte), Flötenmundstück, Glockenspiel oder Melodie-Instrument (Vogelkonzert)

Triangel △, Windspiel 〰, Becken ▼ ⊥, Pendelrassel ⊤⊤⊤, Metallophon ▱, Glockenspiel ⬚, Guiro 〰, Rahmentrommel ○, Cowbell ⊏, Xylophon ▥

Organisation

Viele, viele Vogelkinder …

darunter: der Spatz

die Amsel

der Fink

das Huhn

Der rote Vogel singt und spielt jeweils chorisch.

Verlauf

Phase 1 • Einführung
           • Wie singen die Vögel? (vokale Lautspiele)
           • Vogelruf
Phase 2 • Instrumentenkontakt:
            Wir spielen Sonne, Wind, Wolken, Bäume, Fluss
Phase 3 • Wir spielen Spatz, Amsel, Fink, Huhn
           • Dynamik-Spiel (Gebrause im Gewittersturm)
Phase 4 • Klangspiel
Phase 5 • Vogelkonzert

◆◆◆◆◆

Pfiff ↗ mit Ziehpfeife oder Flötenmundstück

Auf einmal war er da.
Er saß auf dem Baum vor dem Fenster.
Ein wunderschöner, kleiner roter Vogel.
Er reckte sein Köpfchen und begann zu
singen.

Vogelruf (vocal)

ti - ri - lii,   ti - ri - lii,   ti - ri - liii!

Er besang die Sonne,

im freien Spiel (chorisch)

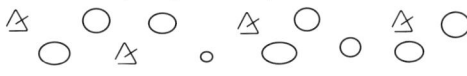

den Wind,

die Wolken,

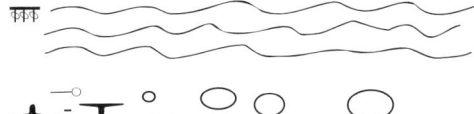

45

die Bäume

und den Fluss.

leichtes Glissando

Er sang in den höchsten Tönen.
Es klang wie Glockenspiel und Sonnen-
strahlen.

Vogelruf: singen und spielen

ti- ri - lii,   ti- ri - lii,   ti- ri - liii!

Bald setzte sich ein grauer dicker Spatz
auf einen Ast in seiner Nähe und hörte
ihm andächtig zu.

Vogelruf: singen und spielen (wie oben)

„Sing doch mit", rief ihm der hübsche
rote Vogel zu. „Ich kann doch nicht so
schön singen wie du", meinte der dicke
graue Spatz betrübt, tschilpte einmal leise
und schüttelte verlegen sein Gefieder.

Spatz: mit Stäbchen ungleich kurz reiben
und klopfen

Da sang der hübsche rote Vogel alleine
weiter.

Vogelruf: singen und spielen (wie oben)

Dann flatterte eine schwarze Amsel herbei und ließ sich ein Stückchen unter dem
roten Vogel nieder. Sie lauschte gebannt
dem Gesang des hübschen roten Vogels.

Vogelruf: singen und spielen (wie oben)

„Sing doch mit", rief der hübsche rote Vogel ihr zu. „Ich kann doch nicht so schön singen wie du", meinte die schwarze Amsel betrübt, pfiff einmal leise und schüttelte verlegen ihr Gefieder.

Amsel: ○ - ⅂ Wischflächen auch mit Hand/ Finger/Schlägelstiel

Da sang der hübsche rote Vogel alleine weiter.

Vogelruf: singen und spielen

ti‑ri‑lii,   ti‑ri‑lii,   ti‑ri‑liii!

Bald flog ein gelber Fink herbei und ließ sich am äußersten Rand des Astes nieder. Er lauschte begeistert dem Gesang des hübschen roten Vogels.

Vogelruf: singen und spielen (wie oben)

„Sing doch mit", rief der hübsche rote Vogel ihm zu. „Ich kann doch nicht so schön singen wie du", meinte der gelbe Fink betrübt, zwitscherte einmal leise und schüttelte verlegen sein Gefieder.

Fink: ⊏ Klangpunkte mit Metallstäbchen (schlagen/im Hohlraum tremolieren)

Da sang der hübsche rote Vogel alleine weiter.

Vogelruf: singen und spielen (wie oben)

Bald stakste ein rotbraunes Huhn unter dem Baum hervor und hörte erstaunt den herrlichen Gesang des roten Vogels. Es blieb stehen, hob sein Köpfchen und lauschte ihm.

Vogelruf: singen und spielen

„Sing doch mit", rief der hübsche rote Vogel vom Baum hinunter. Und wirklich: Das Huhn begann zu gackern, so schön es konnte. Hoch und tief flogen die Töne durch die Luft.

Huhn:

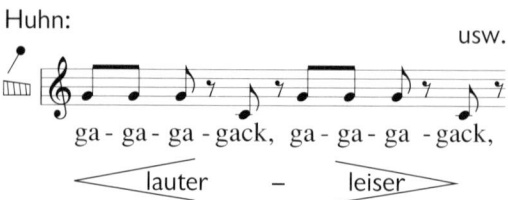

Der dicke graue Spatz blickte unsicher nach unten zu dem gackernden rotbraunen Huhn und dann nach oben zu dem singenden roten Vogel. Dann fing auch er an zu tschilpen. Erst zaghaft und leise, dann lauter und kräftiger.

Spatz:

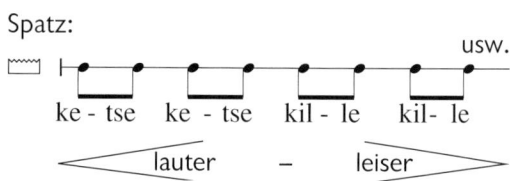

Die schwarze Amsel blickte unsicher nach der Seite zu dem tschilpenden grauen Spatz, nach unten zu dem gackernden rotbraunen Huhn und dann nach oben zu dem singenden roten Vogel.

Dann fing auch sie an zu pfeifen. Erst zaghaft und leise, dann lauter und kräftiger.

Amsel:

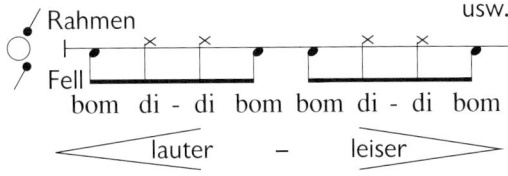

bom di - di bom bom di - di bom

lauter – leiser

Der gelbe Fink blickte unsicher zur Seite, zu der pfeifenden schwarzen Amsel, nach hinten zu dem tschilpenden grauen Spatz, nach unten zu dem rotbraunen gackernden Huhn und dann nach oben zu dem singenden roten Vogel. Dann fing auch er an zu zwitschern. Erst zaghaft und leise, dann lauter und kräftiger.

Fink:

teck teck teck, pol-lo teck teck teck, pol-lo

(• aufgelegt auf Knie, ○ frei klingend)

Nun sangen, zwitscherten, tschilpten, pfiffen und gackerten die fünf Vögel fröhlich laut um die Wette.

leiser (*pp*) begleitender Reihenbeginn mit

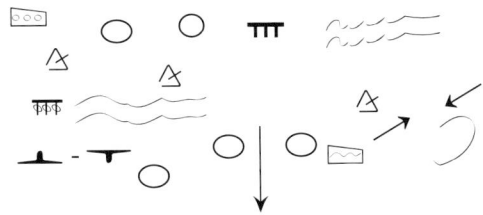

dazu: freies Spiel auf

(dazu:)
Die Töne wirbelten auf wie Blätter im Herbstwind, klangen wie Maiglöckchen im Frühlingswind, sanft wie fallende Schneeflocken im Winterwind und bunt wie eine Wiese im Sommerwind;

49

und manchmal wie Gebrause im Gewit-
tersturm.

Beginn eines Dynamik-Spiels mit
Zeichengebung für

crescendo ◁ diminuendo ▷

und beschließende Steigerung bis zum
ff-Abbruch!

ff

Das Stück endet mit Variante A oder B.
Variante A:

Es war wunderschön. Leise flog der hübsche rote Vogel davon. Und wenn du mal
traurig bist und du dir nicht gefällst,
musst du nur nach dem roten Vogel suchen. Vielleicht ist er dann da. Wenn
nicht, denk einfach an ihn.

Vogelruf (vocal)

ti - ri - lii,   ti - ri - lii,   ti - ri - liii!

Variante B:

Es war wunderschön. Leise flog der hübsche rote Vogel davon und der graue
Spatz, die schwarze Amsel, der gelbe
Fink und das rotbraune Huhn machten
weiter herrlichen Gesang – auch ohne
ihn!
Wenn du genau hinhörst, wirst du hören,
wie schön er ist.

Hier folgt das Vogelkonzert (Partitur) oder das
Klangspiel von Seite 49 unten.

Vogelkonzert

(• aufgelegt, ○ frei klingend)

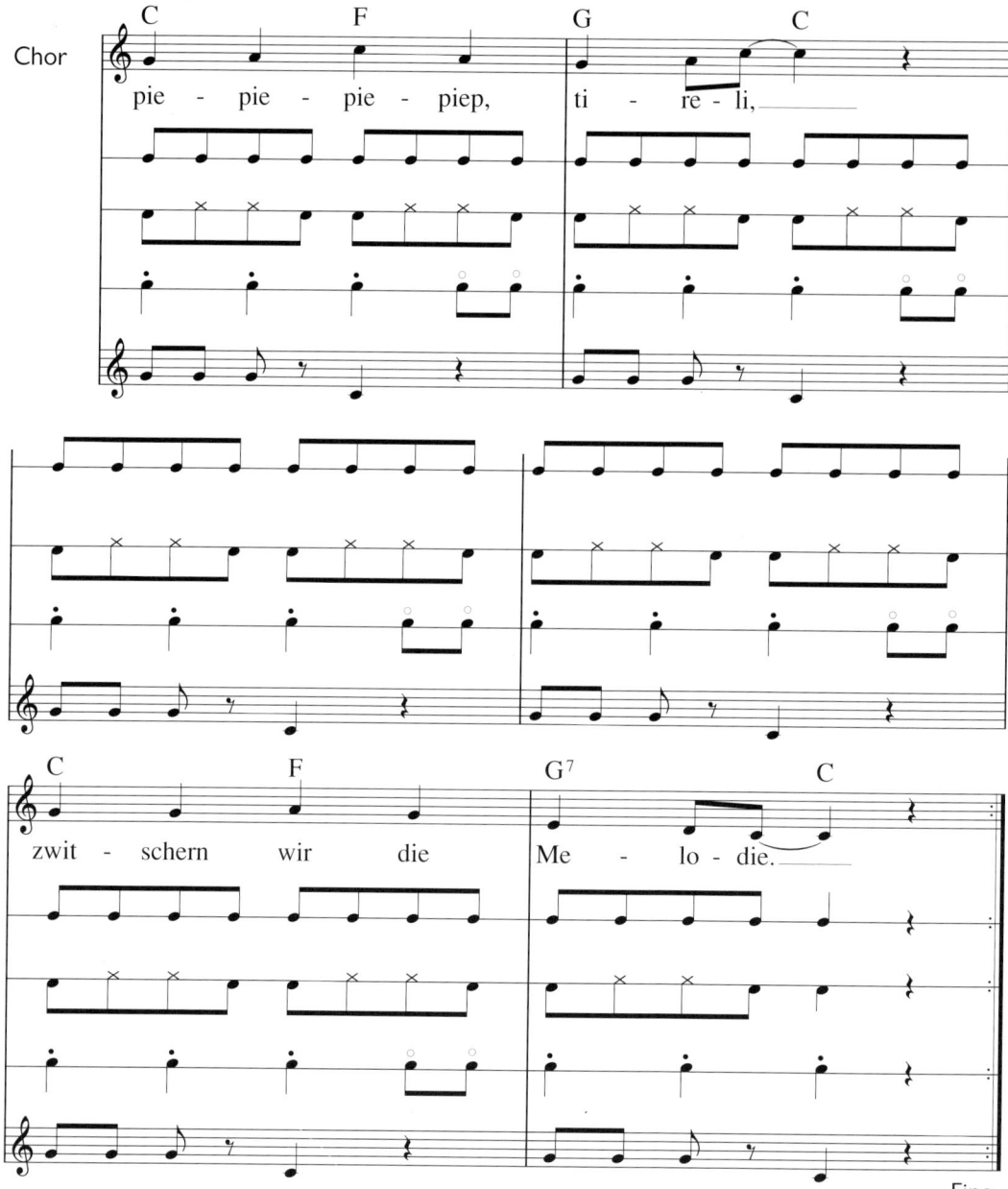

Der grüne Traum

Eine Traum-Dschungelmusik
Ein Luftballon-Spiel

Instrumente

Windspiel ⌇, Metallophon ▱, Glockenspiel ▱, Becken ╫/⊤/⊥, Klangbausteine ▯, Fingercymbeln ◁▷, Triangel △, Wooden Agogo ▱, Maracas ♪, Guiro ▭, Pauke ⬭, Brummtopf/Löwengebrüll ⬓, Schellenband ∞∞, Rahmenschellentrommel ◯, Schlagstäbe ∥, Xylophon ▥

Luftballons   ◯

Organisation

Spieler für   Traum- und Dschungelmusik
Luftballon-Spiel
= Reaktionsspiel. Jedem Luftballon ist ein
    Klangbaustein zuzuordnen:
    Klaps auf Ballon/werfen (1 Spieler) –
    Schlag auf Klangbaustein (1 Spieler)
Löwe, der tappt
Löwe, der brüllt
Dschungeltiere (2 Affen, Schmetterling,
Elefant, Klapperschlange, Giraffe, Papagei,
Schnecke)

Verlauf

Phase 1   • Luftballon-Spiel
Phase 2   • Wie der Löwe tappt
           • Wie der Löwe brüllt
Phase 3   • Wenn Dschungeltiere sprechen und spielen
Phase 4   • Klangspiel

Es war einmal ein Luftballonverkäufer. Es war aber kein ganz gewöhnlicher Luftballonverkäufer mit ganz gewöhnlichen Luftballons, sondern er verkaufte Traum-Wunsch-Luftballons. Das sind Ballons, die mit dem, der sie kauft, entschweben in einen wunderschönen beliebigen Traum.

(dazu:)

In ein Land der Träume, in ein Märchen der Träume, auf eine Insel der Träume. Überall dorthin, wovon man eben gerade träumt. Und wenn man wieder zurück nach Hause möchte, lässt man den Traumluftballon einfach platzen,

und schon ist man zurück, da, von wo man herkam.

Einmal traf der kleine Joschka den Traumwunschluftballonverkäufer, aber er wusste es nicht. Woher hätte er es auch wissen sollen, denn der Mann sah aus wie ein ganz gewöhnlicher Luftballonverkäufer. Er rief immer: „Luftballons, schöne bunte Luftballons! Blaue, rote, gelbe, grüne, lila Luftballons!"

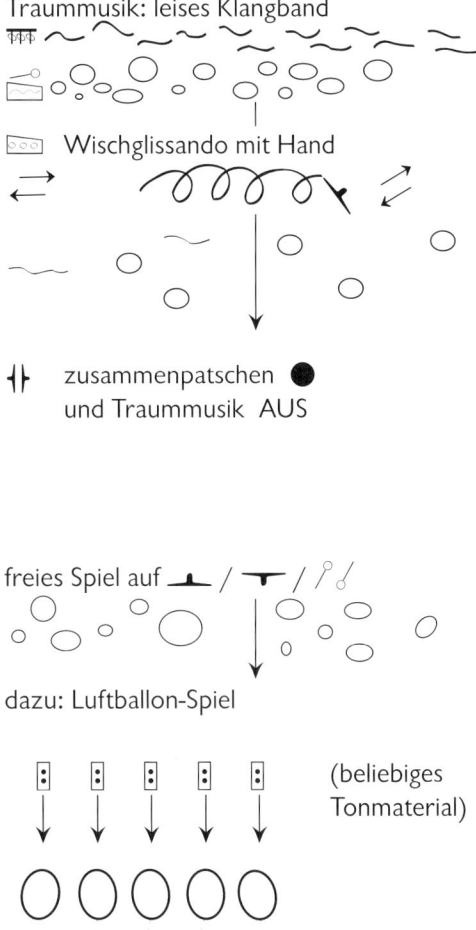

Traummusik: leises Klangband

Wischglissando mit Hand

zusammenpatschen und Traummusik AUS

freies Spiel auf

dazu: Luftballon-Spiel

(beliebiges Tonmaterial)

Joschka hatte am Morgen sein Taschen-
geld bekommen und überlegte nicht
lange. Die bunten Luftballons waren einfach zu schön!
Zuerst wollte er den roten,

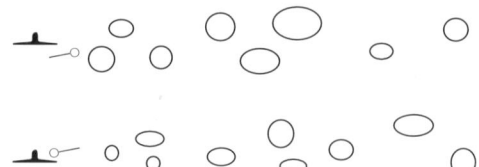

aber dann gefiel ihm der grüne eigentlich
genauso gut.

Am besten, er kaufte gleich beide. Und
wie er so stand und seine Luftballons bestaunte, sah er, wie sich in dem grünen
die Blätter der Bäume noch grüner spie-
gelten und so dicht und groß aussahen,
fast so, wie auf den Bildern in seinem
Dschungelbuch.

Traummusik: leises Klangband

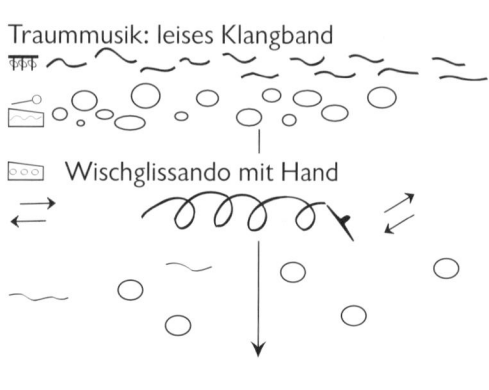

Wischglissando mit Hand

Oh wie schön ist es im Dschungel, dort
sollte man jetzt sein, dachte Joschka verträumt. Doch kaum hatte er den Traum zu
Ende gedacht, tat es einen Knall,

†⊦ = ● Traummusik AUS

und schon stand er mitten im Dschungel
auf einer Lichtung, mit seinen zwei Ballons in der Hand.

Dialog-Spiel

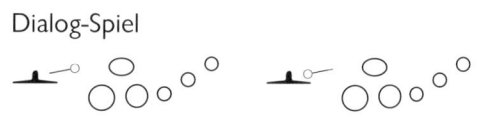

Um Himmels willen, was war passiert? Joschka blickte erstaunt um sich. Er sah Palmen, Bananenstauden, Schling- und Kletterpflanzen, Wurzeln und viele fremdartige Blüten und Früchte. Traumhaft schön!

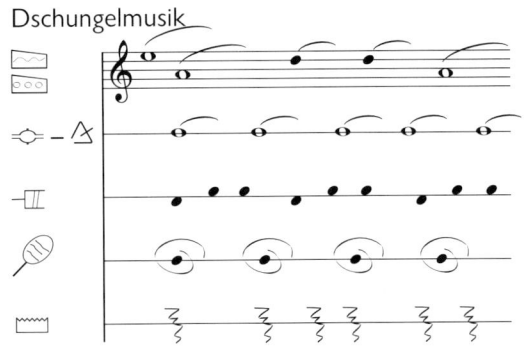

Dschungelmusik

völlig freies Improvisieren – ausspielen lassen!

„Sonderbar", dachte er, „ich habe gar keine Angst." Was Joschka nicht wissen konnte, war, dass man im Land seiner Träume niemals Angst haben muss! Bloß, dass er da so ganz alleine war, gefiel ihm nicht so gut. Er versuchte, durch die dichten, grünen Pflanzenwände zu spähen, doch er konnte kein anderes Lebewesen entdecken. Als er sich gerade auf den Weg machen wollte, den herrlichen Dschungel zu erkunden, knackte es im Gebüsch am Rande der Lichtung. Joschka trat schnell einen Schritt zurück.

auf Große Trommel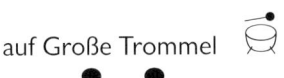

Nein, nicht vor Angst, sondern vor Spannung! Vielleicht bekam er Gesellschaft? Richtig! Die Blätterwand teilte sich, und

mit langsamen und königlichen Schritten
tappte ein Löwe auf ihn zu.

Löwe, der tappt:

mit zwei Schlägel

Er hob beide Vordertatzen, klatschte in
die Pfoten

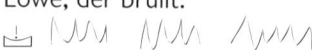

und brüllte: Hoho! Hua! Hua! Joschka!

Löwe, der brüllt:

Herzlich willkommen in meinem Reich!
Schon lange warte ich auf dich!

Löwe, der brüllt:

Du hast so oft von mir geträumt, dass ich
dich schon sehr gut kenne! Ua, ua!

Löwe, der brüllt:

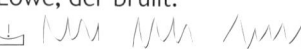

Das müssen gleich alle meine Untertanen
hören! Deine Ankunft muss gefeiert werden! Ua, ua!

Löwe, der brüllt:

Der König des Dschungels bittet euch
alle auf die Lichtung! Ua, ua!

Löwe, der brüllt:

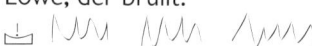

Joschka wunderte sich überhaupt nicht,
dass der Löwe sprechen konnte, so war es
nämlich immer auch in seinen Träumen
gewesen! Das gewaltige Brüllen des Lö-
wen dröhnte durch den ganzen Dschungel.

Löwe, der brüllt:

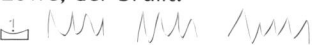

Und wirklich erschienen nach und nach alle Tiere, um zu sehen und zu hören, was ihr König ihnen zu sagen hatte. Zuerst umarmten zwei flinke Affen den Joschka und kraulten ihn zur Begrüßung in den Haaren.

Affen:

Bald schwebte ein bunter Schmetterling über ihm und ließ ihm zu Ehren seine zarten Flügel noch mehr schillern als sonst.

Schmetterling:

Dann stapfte der Elefant herbei und schmetterte einen gewaltigen Begrüßungstrompetenstoß über die Lichtung.

Elefant: ◯ (Faustschlag) wechselnd mit Trompetenruf

• ↗ • ↗ • ↗ • ↗
uiiiii   uiiiii   uiiiii   uiiiii

Die Klapperschlange schlängelte sich elegant über den Boden und klapperte aus Leibeskräften dazu.

Klapperschlange: //
//// //// //// //// ////

Die riesige Giraffe begrüßte Joschka, indem sie sich tief verneigte.

Giraffe: ▭ Glissandi ↙
↙ ↙ ↙ ↙ ↙

Und aus den Höhen der Bäume flatterte der bunte Papagei herab.

Papagei: △ im Dreieck schleifend rotieren

Zum Schluss kam die dicke, große Schnecke angekrochen.

Schnecke: ⌒
∿→ ∿→ ∿→

Mitten unter ihnen stand Joschka und staunte. Es war wirklich fast so, wie er immer geträumt hatte, nur noch viel, viel schöner.

Da hatte der Elefant eine tolle Idee. Er stellte seinen Rüssel hoch und trompetete los: einen Begrüßungsfeiermarsch für Joschka!

Alle Dschungeltiere im freien Spiel

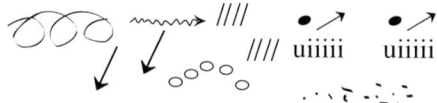

Gruppe: im Schritt-Tempo der Reihe nach (1–8) kumulieren, jeweils Instrument -Stimme nacheinander usw.

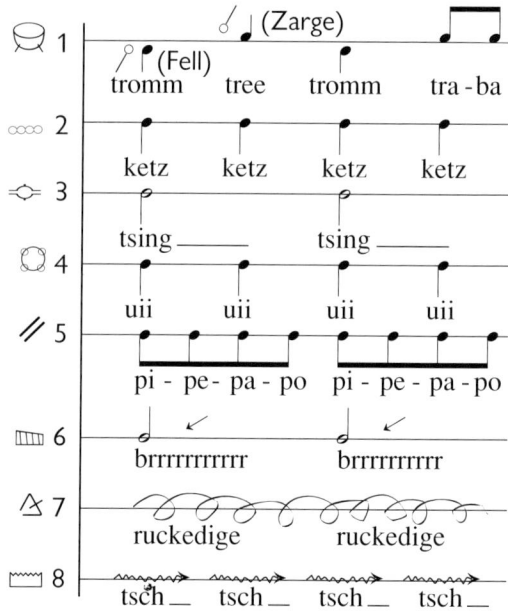

(evtl. dazu eine Bewegungsgruppe – 8 Tiere – im Kreismarsch vorwärts: Löwe – Affen – Schmetterling – Elefant – Klapperschlange – Giraffe – Papagei – Schnecke)

Das war vielleicht lustig, wie sie da so nacheinander durch den Dschungel stapften, erst rechts herum und dann links herum. Ein Tier nach dem anderen, der Elefant vorneweg und am Schluss die Schnecke. Über ihnen flatterte der Schmetterling und der Papagei. Die Schnecke war noch gar nicht weit gekrochen, da kam die Gruppe schon wieder zurück. So war sie auf einmal am Anfang! Das machte die Schnecke ganz stolz.

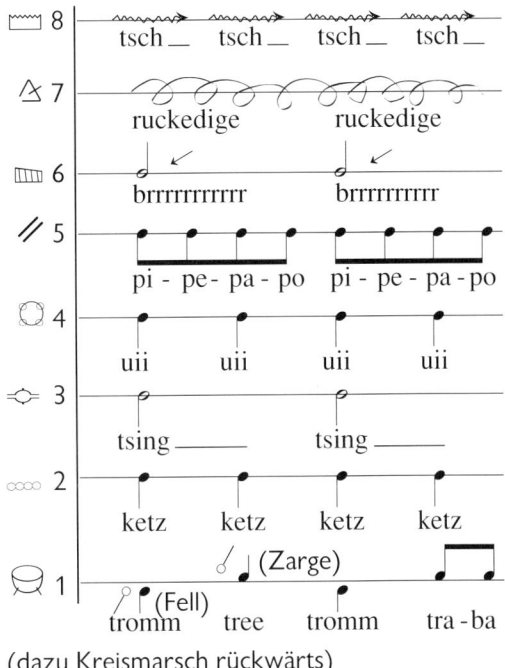

(dazu Kreismarsch rückwärts)

Und irgendwo dazwischen stapfte Joschka. Was sie wohl weiter mit ihm vorhatten? Fröhlich hüpfte er zwischen den Tieren umher, doch plötzlich ein Knall,

✚ ● Peng!

sein grüner Luftballon war geplatzt! Die Musik hatte aufgehört, alles war wieder

61

still um ihn. Als Joschka sich umblickte, merkte er, dass er wieder zu Hause war. Erstaunt stand er da. Wo war der Dschungel, wo waren die Tiere? Hatte er das alles nur geträumt? Joschka sah nachdenklich auf seinen zweiten Luftballon. Ob es damit etwas zu tun hatte? Sehr seltsam! Doch ehe Joschka dazu kam, es auszuprobieren, platzte – Peng – sein zweiter Luftballon!

Aber Joschka war nicht etwa traurig, war er doch im Dschungel gewesen und hatte mit den wilden Tieren getanzt. Oder etwa nicht? Ganz sicher wird es Joschka niemals wissen, da müsste er den Wunschluftballonverkäufer fragen! Aber den hat er nie mehr getroffen, nur ganz gewöhnliche Luftballonverkäufer. Vielleicht triffst du ihn einmal, so wie Joschka, den Wunschluftballonverkäufer mit den gelben, blauen, grünen und roten Kinderträumen.

Peng!

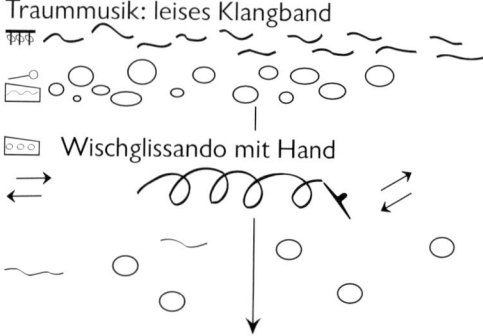

Traummusik: leises Klangband

Wischglissando mit Hand

Die Zirkusmaus

Eine quietschvergnügte Manege

Instrumente

Quietschmaus ⌒, Glockenspiel ▭, Schlagstäbe ⫽, Schellenband ∘∘∘, Schellenkranz ⌢, Schellenrassel ⚡, Metallophon ▱, Triangel △, Xylophon ▥, Maracas 🜂, Rahmentrommel ◯, Bongos ⊞, Mundsirene ⬱, Wooden Agogo ⫣, Pauke ⌴, Klangbaustein ⁝, Rahmenschellentrommel ◯, Zungentrommel ▭

Haushaltstrichter/Rohrschlauch

Klanggesten (Zirkus-Rondo)

Fuß   Knie   Hand

Organisation

die Zirkusmaus
die Kasperle
die Seiltänzer
zwei Seelöwen
der Zirkushund
das Zirkuspferd
der Elefant
Leute im Zirkus

Verlauf

Phase 1   • Einführung in den Zirkus
Phase 2   • Gemeinsame Darstellung (auch musikalisch) der Artisten und Tiere
Phase 3   • Erzählung
Phase 4   • Zirkus-Rondo
Phase 5   • Klangspiel
                (eine etwaige Regie ist leicht aus der textlichen Ordnung zu erkennen.)

Die Zirkusmaus sitzt in der ersten Reihe.

Sie hat einen Logenplatz am Rande der Manege des Zirkus.

Es ist einer der teuersten Plätze und die Maus hat gar nichts dafür bezahlen müssen. Denn erstens ist sie so klein, dass sie leicht unter der Kasse hätte durchschlüpfen können, zweitens hätte sie gar kein Geld gehabt und drittens ist es Mittwochvormittag und viertens wohnt sie im Zirkus!

Außer ihr ist gar kein Zuschauer da! Die Kinder sind im Kindergarten oder in der Schule, die Erwachsenen in der Arbeit und die Zirkusleute müssen alle üben. Das weiß die Zirkusmaus ganz genau und das ist etwas, was die Menschen da draußen niemals zu sehen bekommen.

Einen Zirkus zu einer Vorstellung zu besuchen, ist ja ganz toll, aber noch viel toller ist es, viele Artisten oder Tiere gleichzeitig bei der Arbeit zu sehen! Gespannt beobachtet die Zirkusmaus den roten Vorhang.

Quietschmaus

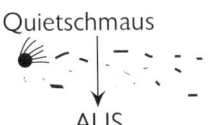

AUS

Quietschmaus

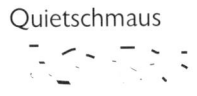

Quietschmaus

Quietschmaus

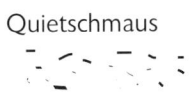

Gleich werden die ersten hier eintreffen!
Aufgeregt knabbert sie an ein paar Popcorns, die neben ihr auf dem Sitz liegen.

Quietschmaus

Ein Kind hat sie gestern hier fallen gelassen. Ob es gewusst hat, dass es der Platz
von der Zirkusmaus ist?

Quietschmaus

Der Vorhang teilt sich und die Clowns
stolpern herein. Sie machen einen Heidenlärm mit ihren Instrumenten!

die Kasperle: singen und spielen

tra - tra - tra - la - la,

Kas - perl sind jetzt da!

Sie kugeln sich auf dem Sägemehlboden
und bespritzen sich mit Wasser.

die Kasperle: singen und spielen

tra - tra - tra - la - la,

Kas - perl sind jetzt da!

Die Maus muss schrecklich piepsen vor Lachen und verschluckt sich beinahe.

Quietschmaus

Da betreten die Seiltänzer die Manege. Sie tänzeln zu ihrem Seil, klettern hoch und fangen ganz langsam an, über das Seil zu balancieren.

die Seiltänzer: singen und spielen

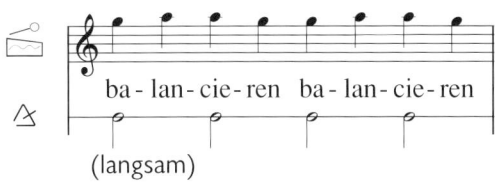

ba - lan - cie - ren ba - lan - cie - ren

(langsam)

Nun sieht und hört die Zirkusmaus die Clowns, die sich am Boden kugeln und sich mit Wasser bespritzen,

die Kasperle

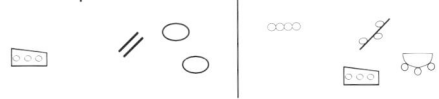

und die Seiltänzer, die mit leisem Tappen über das Seil balancieren.

dazu die Seiltänzer

Die Maus muss schrecklich piepsen vor Lachen und verschluckt sich beinahe.

dazu die Quietschmaus

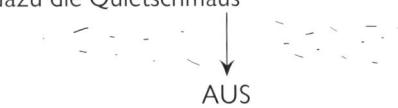

AUS

Da tapsen zwei Seelöwen mit ihrem Wärter in die Manege.

zwei Seelöwen: singen und spielen

tap-sen, tap-sen, mit dem Wär-ter

Der Wärter findet für sie einen Platz etwas entfernt von den Clowns. Sie stellen sich zierlich auf ihre Flossen und der Wärter wirft ihnen einen Ball zu. Der fliegt lustig von Seehundschnauze zu Seehundschnauze und ab und zu ins Sägemehl.

Nun sieht und hört die Zirkusmaus die Clowns, die sich am Boden kugeln und sich mit Wasser bespritzen,

die Seiltänzer, die mit leisem Tappen über das Seil balancieren,

und den Ball von Seehundschnauze zu Seehundschnauze fliegen.

Die Maus muss schrecklich piepsen vor Lachen und verschluckt sich beinahe.

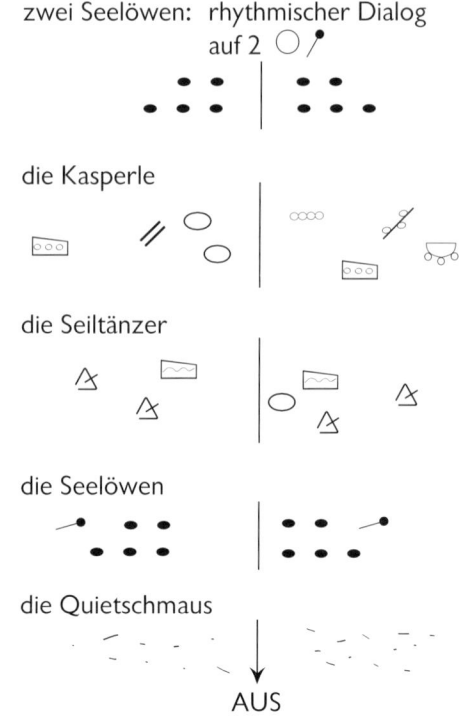

Da trippelt ein Hund aufrecht auf seinen Vorderbeinen in die Manege.

der Zirkushund

Dicht hinter ihm folgt sein Herrchen mit einem Reifen. Das Herrchen findet einen Platz etwas entfernt von den Seehunden. Das Herrchen hält den Reifen hoch und der Hund springt von einer Seite durch den Reifen auf die andere Seite. Hin und her.

Nun sieht und hört die Zirkusmaus die Clowns, die sich am Boden kugeln und sich mit Wasser bespritzen,

die Seiltänzer, die mit leisen Tappen über das Seil balancieren,

den Ball von Seehundschnauze zu Seehundschnauze fliegen,

den Hund hin und her durch den Reifen springen.

Die Maus muss schrecklich piepsen vor Lachen und verschluckt sich beinahe.

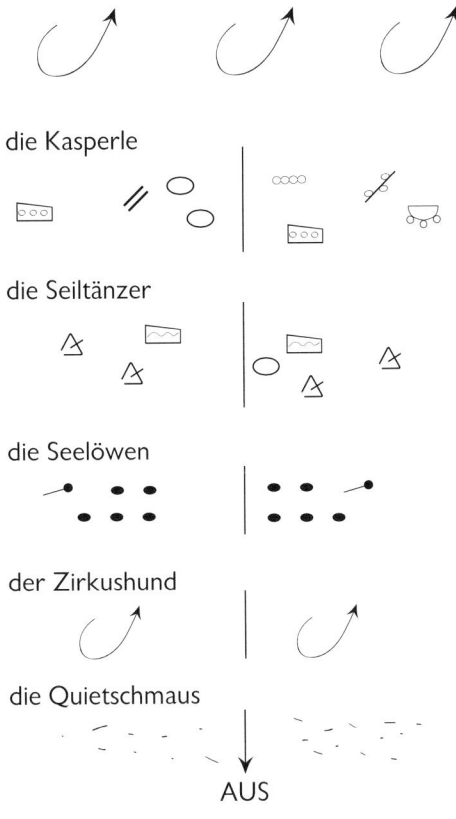

Da schreitet der Zirkusdirektor mit seinem schönsten schwarzen Pferd in die Manege.

Er findet die Bahn um die Manege noch frei, schnalzt mit der Peitsche, und das Pferd fängt elegant zu traben an; immer im Kreis.

Nun sieht und hört die Zirkusmaus die Clowns, die sich am Boden kugeln und sich mit Wasser bespritzen,

die Seiltänzer, die mit leisem Tappen über das Seil balancieren,

den Ball von Seehundschnauze zu Seehundschnauze fliegen,

den Hund hin und her durch den Reifen springen

und das Pferd traben; immer im Kreis.

Die Maus muss schrecklich piepsen vor Lachen und verschluckt sich beinahe.

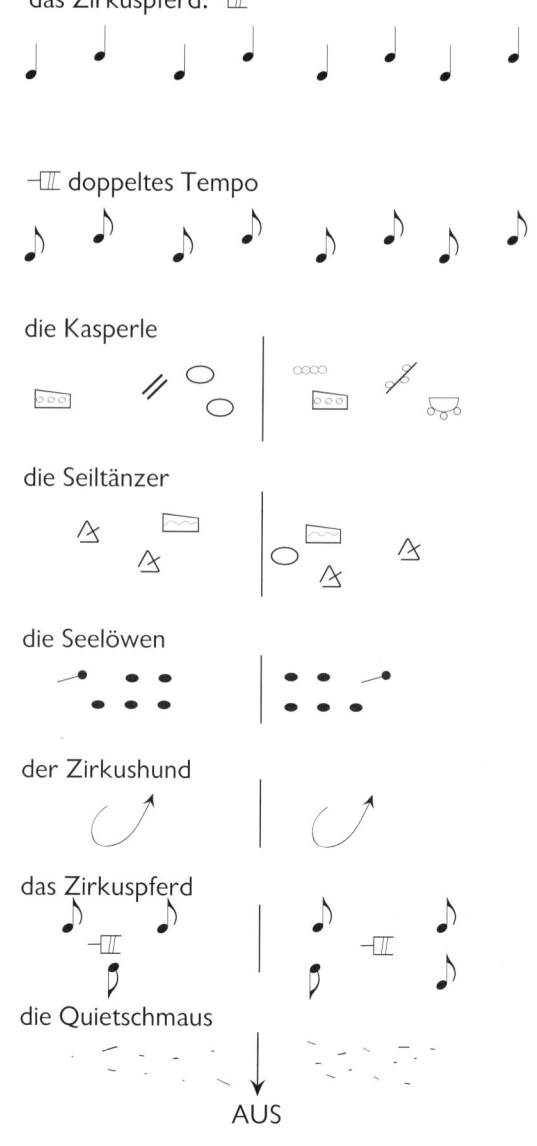

Da teilt sich der Vorhang wieder und ein dicker Elefant schiebt sich durch.

der Elefant

Er findet keinen Platz mehr in der Manege! Er hebt seinen Rüssel weit in die Höhe und protestiert mit einem gewaltigen Trompetenstoß!

Elefant: mit Trichter oder Rohrschlauch

Vor Schreck laufen die Clowns hinaus und machen einen Heidenlärm mit ihren Instrumenten, die Seiltänzer stolpern, können sich gerade noch am Seil festhalten, klettern schnell hinunter und laufen hinaus, die Seehunde lassen den Ball fallen und watscheln auf ihren Flossen davon, der Wärter hinterher. Der Hund bellt und rennt hinaus, sein Herrchen hinterher. Das Pferd bäumt sich auf, dreht um und galoppiert hinaus. Der Direktor steht wütend in der Manege und lässt seine Peitsche knallen.

Tutti (Alle) im freien Spiel, quietschvergnügt:

(und AUS)

Die Maus muss schrecklich piepsen vor Lachen und verschluckt sich beinahe.

Quietschmaus

. . . .

Das sieht der Elefant und streckt seinen Rüssel ganz dicht bis zum Logensitz der Zirkusmaus und protestiert mit einem gewaltigen Trompetenstoß. Ein Elefant lässt sich nicht einfach von einer kleinen Maus auslachen.

Elefant: mit Trichter oder Rohrschlauch

u i i i i i i i i

Da erschrickt die Maus ganz schrecklich und verschluckt sich beinahe vor Entsetzen.

Quietschmaus (sehr erregt)

Sie springt blitzschnell von ihrem Platz und gleich darauf teilt sich noch einmal ein ganz klein wenig der rote Vorhang.

AUS

Der Elefant muss schrecklich trompeten vor Lachen und verschluckt … Ach nein, er hat ja gar keine Popcorns!
Die bleiben liegen für die kleine Zirkusmaus. Morgen ist wieder ein Tag!

Zirkus-Rondo (fakultativ)

Zirkus-Rondo

(Refrain/Round/Couplet)

(Kinder)

1.x Al - le sin - gen mit. Al - le spie - len mit.
2.x Jetzt die Kas - per - le. Jetzt die Kas - per - le.
3.x Jetzt die Seil - tän - zer. Jetzt die Seil - tän - zer.
4.x Jetzt die See - hun - de. Jetzt die See - hun - de.
5.x Jetzt der Zir - kus - hund. Jetzt der Zir - kus - hund.
6.x Jetzt das Zir - kus - pferd. Jetzt das Zir - kus - pferd.
7.x Jetzt der E - le - fant. Jetzt der E - le - fant.
8.x Jetzt die Zir - kus - maus. Jetzt die Zir - kus - maus.
9.x Jetzt der gan - ze Chor. Jetzt der gan - ze Chor.

(Tonvorgabe)

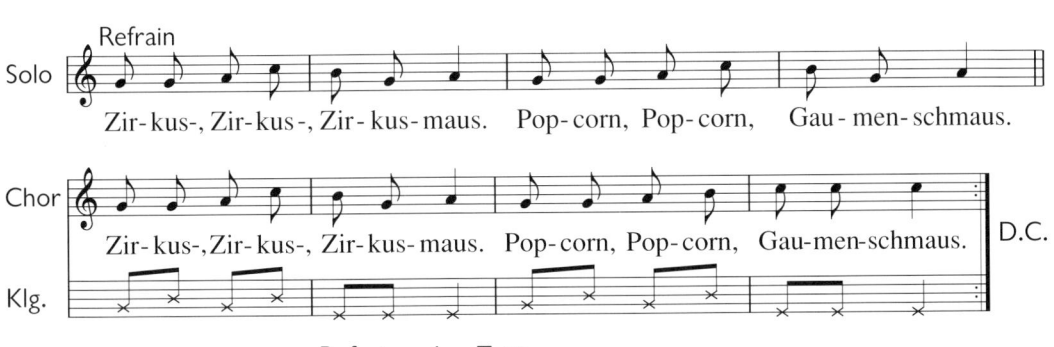

Solo — Refrain

Zir-kus-, Zir-kus-, Zir-kus-maus. Pop-corn, Pop-corn, Gau-men-schmaus.

Chor

Zir-kus-, Zir-kus-, Zir-kus-maus. Pop-corn, Pop-corn, Gau-men-schmaus. D.C.

Klg.

Refrain: 1. x Tutti
2.–8.x Solo – Chor
9.x Tutti

73

Der zerstreute Zauberer Zauselkopf

Ein Improvisationsspiel zum Erfahren von Chaos und Ruhe

Instrumente

Gruppe I
Xylophon ⅢⅢ, Pauke/Große Trommel ⏝, Rahmenschellentrommel ◯, Waldteufel (kleine Reib-trommel) ☉〜, Metallophon ⊏⊐, Schlagstäbe ⫽, Glockenkranz ⌒, Glockenspiel ⊡⊡⊡, Finger-cymbeln ⊷, Triangel △

Gruppe II
Wasser-Triangel (das Instrument nach dem Anschlag sofort in ein Wassergefäß tauchen und wie-der zurückziehen) △, Kindertrompete ▭◄, Flöten ⬚, Becken ⊤—⊥, Pauke/Große Trommel ⏝, Glockenspiel ⊡⊡⊡

Gruppe III
jeweils zur Chaos-Musik das restliche Instrumentarium sowie Vehicle-Instrumente wie Küchenge-schirr, Blechdosen, Milchflaschen – alles, was Geräusche und Klänge produziert.

Organisation
Gruppe I – die Zauberer
Gruppe II – die fünf verzauberten Instrumente
Gruppe III – die chaotischen Lärmmacher

Verlauf
Phase 1 • Instrumentales Improvisieren – Experimentieren; z.B.: Wassertriangel, Waldteufel, Hängebecken ⊥ auf den Boden fallen lassen oder auf das Trommelfell klatschen, 2 Topfdeckel wie ⁝⁝ zusammenschlagen und vieles mehr! Kinderfantasien anregen bzw. aufnehmen!
Phase 2 • Erzählung
Phase 3 • Bezugspiel „Text – Instrumente"
Phase 4 • Klangspiel

Vor langer, langer Zeit lebte in einem gläsernen Palast hoch oben in den Glasbergen der zerstreute Zauberer Zauselkopf.

 = frei und wild

 : Glissando auf und ab

dazu im Wechsel:

dazu ☉⁓: schwingen oder das Griffteil in der
Schlaufe drehen

Du weißt vielleicht nicht, was ein zer-
streuter Zauberer ist, deshalb will ich es
dir schnell erklären. Dann weißt du sicher
auch, warum er den Namen Zauselkopf
trug und keinen anderen, wie zum Bei-
spiel Hokuspokus oder Pokushokus.

 = frei und wild

 : Glissando auf und ab

dazu im Wechsel:

dazu ☉⁓: schwingen oder das Griffteil in der
Schlaufe drehen

Zerstreut ist jemand, der während er etwas tut, dabei schon immer an andere Dinge denkt. Wenn er also beim Kuchenbacken schon an das Fensterputzen denkt und deshalb das Mehl durch das Fenster hinaus in den Wind streut.

Oder wenn jemand beim Klavier spielen ans Malen denkt und dann alle Tasten bunt anmalt. Das ist zerstreut!

leise ruhige Wischklänge mit Rückhand (Fingernägel)

|I| = frei und wild

: Glissando auf und ab

dazu im Wechsel:

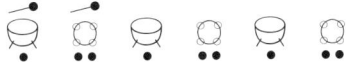

dazu ☉~ : schwingen oder das Griffteil in der Schlaufe drehen

Und genau solche Dinge passierten dem zerstreuten Zauberer Zauselkopf am laufenden Band.
Doch bei ihm kam noch etwas besonderes dazu! Immer, wenn ihm so ein Quatsch passierte, ertönte ein seltsamer Zauberlärm. Mal war es ein Triangel, der verrückt spielte,

|II| -
△ = als Wassertriangel

dann mal eine Trompete, die lospustete,

grelles Tuten mit ►═

te - tere - te - teeee

mal eine Flöte,

atypisches Blasen auf dem Mundstück, z.B.:

Flatterzunge   drrrrr   drrrrr   drrrrr

Überblasen (erhöhter Luftdruck)

mal eine Pauke,

mit einem ━ auf das Fell der 🛢 klatschen

laute Cluster mit Querstab

mal ein Glockenspiel

oder sonst ein Instrument,

alle übrigen Kinder |III| spielen auf ihren Instru-
menten ihren Zauberlärm einzeln vor:
Phantasie anregen!

oder auch alle zusammen!

alle zusammen |I - II - III| auf Zeichen
Chaos-Musik!!!!

jeweils auf Stopp-Zeichen
RUHE!

Diese Musikwarnung hatte er sich selber gezaubert, damit er gleich wusste, dass er wieder einmal völlig zerstreut einen völligen Blödsinn gezaubert hatte. Viel half ihm das ja nicht, und immer öfter hallte die Musik durch den gläsernen Palast.

I - II - III mehrmals Chaos-Musik
(auf Zeichen subito EIN und AUS)

Er hatte immer so viele Dinge gleichzeitig im Kopf, dass er immer ganz zauselig war. Im und natürlich auch auf dem Kopf!

I = frei und wild

↓

AUS

Seine silbergrauen Haare standen kreuz und quer in alle Himmelsrichtungen, so dass sogar sein Zauberhut Schwierigkeiten hatte, oben zu bleiben. Aber was so ein richtiger Zauberhut ist, der schafft das.

Als er nun eines Tages in seiner Eile, den Zauberspruch murmelnd, durch den Palast rannte, weil ihm gerade einfiel, die Tomaten in seinem Garten schön rot zu zaubern, vergaß er, die Glaspforte aufzuzaubern und rannte mit einem Rumms dagegen.

I = frei und wild

Sofort ertönte Musik.

alle zusammen |I - II - III| auf Zeichen
Chaos-Musik!!!!

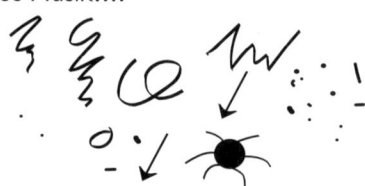

jeweils auf Stopp-Zeichen
RUHE!

Da saß er nun auf dem Boden, kratzte sich zerstreut am Kopf und wusste überhaupt nicht, warum er da am Boden saß und der Hut neben ihm lag. Er hatte die Tomaten schon längst vergessen! Da fiel sein Blick auf einen Kochlöffel, der mitten im Raum auf dem Glasfußboden lag. Was hatte er nur damit gewollt? Der gehörte natürlich schnell in die Küche zurück.

|I| = auf Holz (-instrumenten) mit // - ♪ und Kochlöffeln geschwinde trommeln

Er stand auf, setzte sich umständlich seinen Zauberhut wieder auf, ging zu dem Kochlöffel und bückte sich danach. Dabei rutschte ihm sein Zauberumhang von den Schultern und fiel leise zu Boden.

|I| = mit ⌢ leise klingeln –
dazu auf ▱ ruhiges Ab-Glissando

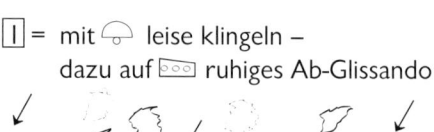

Der zerstreute Zauberer Zauselkopf merkte es nicht, er murmelte seinen Zauberspruch und staunte: Der Kochlöffel wurde gerade herrlich rot wie eine Tomate. Sofort ertönte wieder Musik.

Tomaten! Das erinnerte ihn an das Abendessen. Er blieb mitten im Raum stehen und dachte nach.

Er schwankte noch zwischen Grießbrei und Heringen oder Nudeln mit Apfelmus, da fand er sich ganz plötzlich auf dem Küchenschrank wieder. Sofort ertönte wieder Musik.

Verflixt, *Er* war doch nicht der Kochlöffel! Das Essen war vergessen, denn eigentlich wollte er jetzt Klavier spielen. Das war so gemütlich im Glaswohnzimmer. Zerstreut murmelte er wieder den Zauberspruch und schon saß er am Kla-

alle zusammen I - II - III auf Zeichen Chaos-Musik!!!!

jeweils auf Stopp-Zeichen
RUHE!

I = langsam spielend

alle zusammen I - II - III auf Zeichen Chaos-Musik!!!!

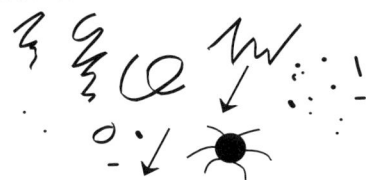

jeweils auf Stopp-Zeichen
RUHE!

vier. Die Tasten waren voller Nudeln und Apfelmus und der Grießbrei mit Heringen tropfte auf den Fußboden.

Sofort ertönte wieder Musik. Diesmal war sie richtig scheußlich, wie das, was er da gezaubert hatte.

So eine Schweinerei! Nun nahm er sich aber vor, beim Zaubern richtig aufzupassen. Der Essensmatsch sollte verschwinden und er wollte die ganze Zauberei nochmal von vorne anfangen. Was war es nur gewesen?

Der zerstreute Zauberer konnte sich nicht mehr erinnern! Zerstreut murmelte er den Zauberspruch und plötzlich öffnete sich die Glastüre zum Garten. Sofort ertönte wieder Musik. Diesmal aber sanft und leise.

Zerstreut ging er langsam durch das Zimmer, stieg zerstreut über einen Hering und seinen Zauberumhang und wanderte hinaus in den Garten. Was war es nur gewesen?

⎟ ⎟ = ⬭ einzelne Cluster

⎟ I - II - III ⎟ Chaos-Musik *fff*

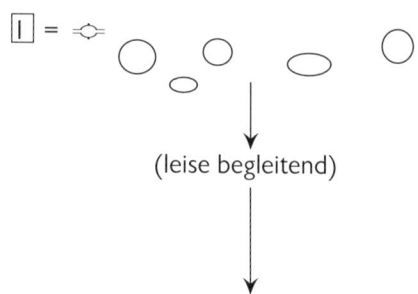

(leise begleitend)

dazu: auf ⬭ leise Töne

dazu: △ leise und langsam

Da erblickte er hoch über den Glasbergen eine wunderschöne weiße Wolke. Sie segelte über die funkelnden Berge wie ein Schiff ins Abenteuer.

Sehnsüchtig sah er zu ihr hinauf, der Zauberhut fiel auf den Boden zwischen die immer noch grünen Tomaten. Zerstreut murmelte er seinen Zauberspruch. Ein gewaltiges Brausen hob an, Musik von allen Instrumenten gleichzeitig erfüllte die Luft, so laut, als ob alle Klänge der Welt sich begrüßen und umarmen.

Der Glaspalast fiel klirrend in sich zusammen,

die Glasberge wurden dichter und dichter und braun und grün und gar nicht mehr durchsichtig.
Und mitten drin lagen der Zauberumhang und der Zauberhut.

auf dem 🔲 leise glissandieren

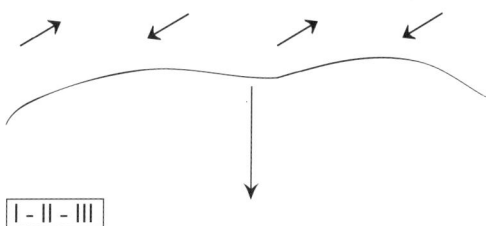

| I - II - III |

dazu nach und nach alle Instrumente –
und ein großes Crescendo bis zum Abbruch der Chaos-Musik

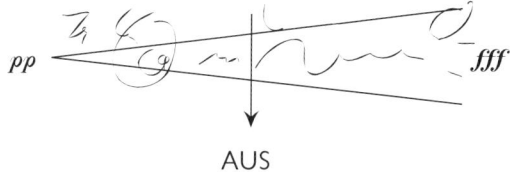

pp fff

AUS

| I | = frei und wild

Über den neuen Bergen schwebte das Wolkenschiff, als ob gar nichts geschehen wäre.

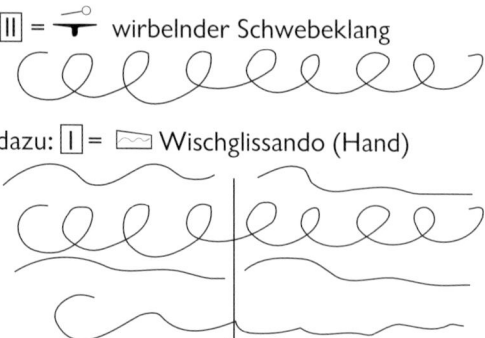

Aber es war doch etwas geschehen! In dem Wolkenschiff saß der Zauberer Zauselkopf und blickte verwirrt hinunter auf die Erde. Er hatte ich selbst weggezaubert und nicht das Klavieressen. Etwas war anscheinend wieder schiefgegangen!
Er schüttelte verwundert seinen Kopf und entdeckte tief unter sich seinen Zauberhut und seinen Umhang.

$\boxed{\text{I}}$ = frei und wild

Ganz plötzlich dämmerte es ihm: es war endgültig aus mit der zerstreuten Zauberei. Er begann zu lachen. Er lachte laut und fröhlich und immer lauter und fröhlicher. Tausendfach trug das Bergecho das Lachen hinaus ins Land.

I - II - III = Lachkanon – fröhliches Austoben!

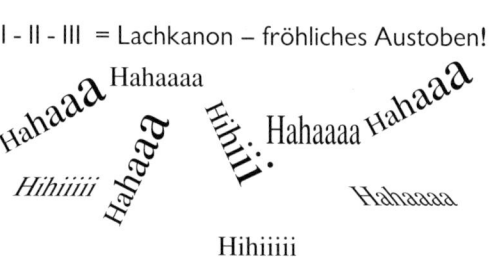

Ihm konnte kein Fehler mehr passieren und er konnte sich nicht mehr den Kopf an geschlossenen Zaubertüren anstoßen! Ein Zauberer ohne Hut und Umhang ist kein Zauberer mehr. Und er musste nun nicht mehr dauernd darüber nachdenken, was er gerade vergessen hatte. Er war nicht mehr zerstreut, er war glücklich.

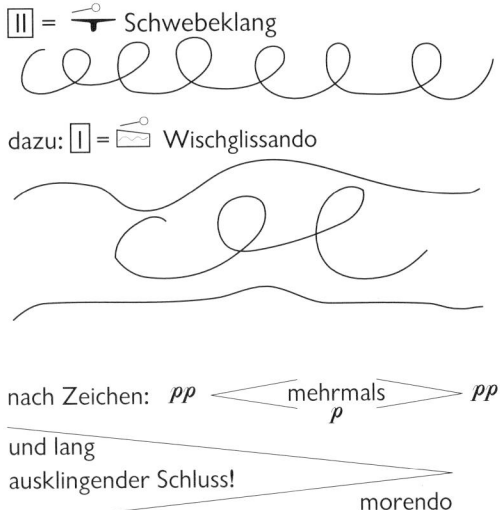

Zauselkopf setzte sich so richtig bequem in seinem weißen Schiffchen zurecht. Es konnte losgehen in ein herrlich unzerstreutes und gemütliches Zauberwolkenseglerleben – halt nein, ohne Zauber – in ein Zauselkopfwolkenseglerleben!

Das war mal interessant, fand der Elefant

Ein Spiel und ein Lied

Instrumente

Brummtopf/Löwengebrüll ⌣, (Reibtrommel, auch zum Selberbauen. Über einen größeren Blech- oder Pappzylinder wird einseitig eine Membrane (Trommelfell) gespannt, in deren Zentrum ein langes Holzstäbchen oder eine Darmsaite (Cello) oder eine Schnur befestigt ist). Maracas ⌀, Schellenrassel ⌀, Glockenspiel ▭, Xylophon ▥, Kastagnetten ⋐, Wooden Agogo ⊐, Schlagstäbe ∥, Schellenband ∞∞∞, Quietschtiere ◠, Kokosnuss-Hälften/Hartholzschalen ⊖, Rahmentrommel ○ mit Ball und Murmel, Metallophon/Klangbausteine ▭ / ⦂.

Körperinstrumente / Klanggesten:

Hand = klatschen
Knie = patschen
Fuß = trampeln

Fuß   Knie   Hand

Organisation
Chor 1
Chor 2
Urwaldspieler (Einzelinstrumente)

Verlauf
Phase 1   • Lied (Elefanten-Song)
Phase 2   • Erzählung
Phase 3   • Bezugspiel „Text-Instrumente"
Phase 4   • Klangspiel
(Geschichte kann auch ohne Lied
gespielt werden.)

◆◆◆◆◆

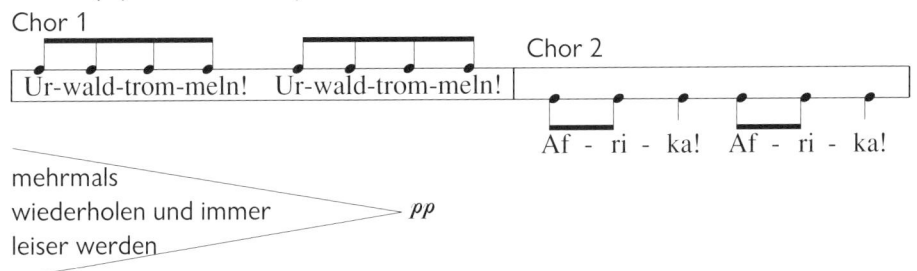

Kinder (mystisch, raunend)
Chor 1

Ur-wald-trom-meln!   Ur-wald-trom-meln!

Chor 2

Af - ri - ka!   Af - ri - ka!

mehrmals
wiederholen und immer
leiser werden   *pp*

Der kleine Elefant hatte wunderbar ge-
schlafen. Er streckte erst das eine Bein,

Kinder:

am Reibestab mit angefeuchtetem Flicken
oder mit Schmirgelpapier entlangziehen.

dann das andere Bein,

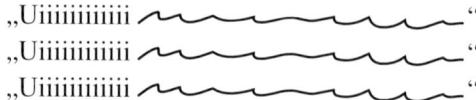

dann das dritte

und ganz besonders das vierte.

(noch kräftiger)

Es war ja auch das letzte Bein, das drankam. Gerade wollte er zu seiner Morgentoilette am Tümpel losmarschieren, da fiel ihm ein – er hatte den Rüssel noch gar nicht geweckt und gestreckt. Jetzt aber schnell!

im Chor stimmhaft durch Hohlhand trompetend:

„Uiiiiiiiiiii ～～～～～“
„Uiiiiiiiiiii ～～～～～“
„Uiiiiiiiiiii ～～～～～“

Erledigt.
Zufrieden mit sich und dem Urwaldmorgen stapfte er los zum Wasserloch.

im Chor majestätisch:

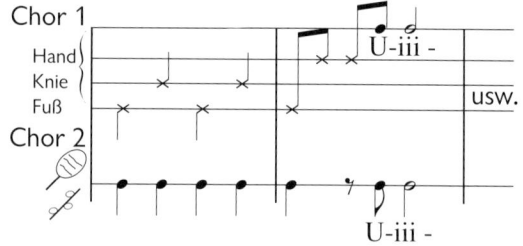

Heute war er nicht alleine dort. Das ist mal interessant, fand der kleine Elefant!

Die Morgentoilette in Gesellschaft mit Affen und Giraffen. Der Tag versprach lustig zu werden!

Es war ein Getrappel,

Gequietsche, Gezappel, Gekreische und Gespritze. Fast hätte der kleine Elefant darüber vergessen, dass er noch gar nicht gefrühstückt hatte. Noch einmal nahm er einen Rüssel voll Wasser und spritzte hoch hinauf in die Luft. So duschen die Elefanten nämlich!

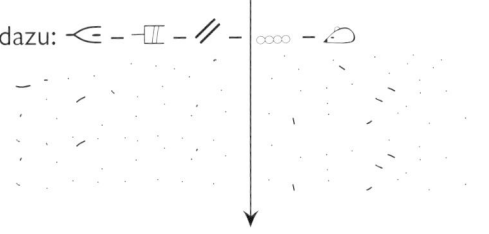

Dann stapfte er zufrieden zurück in das Elefantenlager. Die anderen Elefanten waren inzwischen auch wach geworden. Endlich wird es wieder mal interessant, fand der kleine Elefant. Aber das stimmte noch gar nicht. Die anderen mussten ja erst noch zum Duschen gehen. Ungeduldig wartete er, bis sie wieder angstapft kamen. Einer nach dem anderen, schön hintereinander. So, wie man eben im Dschungel als Elefant stapft.

(evtl. Bewegungsspiel)

im Chor majestätisch:

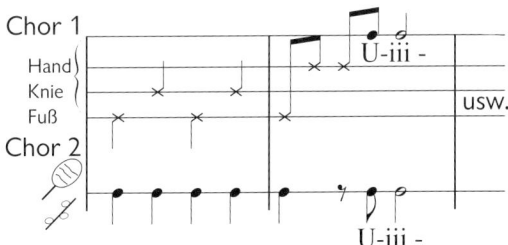

Inzwischen hatte er aber großen Hunger bekommen. Und Hunger ist nicht interessant, fand der Elefant, sondern ziemlich unangenehm. Schön geordnet, wieder einer nach dem anderen – der kleine Elefant am Schluss – ging es los auf den Weg zur Frühstückslichtung! Elefanten haben nämlich für jede Mahlzeit eine Extralichtung!

(evtl. Bewegungsspiel)
im Chor majestätisch:

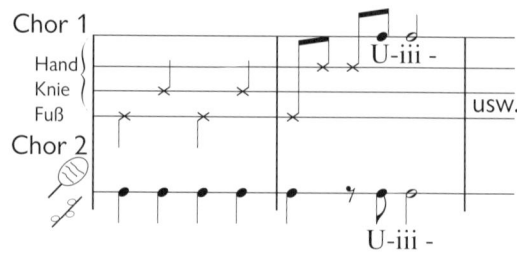

Dort standen also die Frühstücksbäume mit den ganz leckeren Frühstücksblättern. Das war herrlich. Mit vollem Munde schaute sich der kleine Elefant um. Da entdeckte er auf dem Dschungellichtungsboden eine einzelne Kokosnuss. Oh, das ist mal interessant, fand der Elefant!

⌣ beliebig aufeinander klapsen

Sofort trabte er darauf zu. Das hatte er sich schon lange gewünscht. Eine eigene Kokosnuss zum Spielen.
Zum Hochwerfen und Fangen, zum Rollen und zum Kullern. Eine Wurf-Fang-Kuller-Kokosnuss! Fröhlich hob er sie hoch und hielt sie ganz fest mit seiner Nase. Oh – riecht die gut! Also auch noch eine Riechkokosnuss! Gut für fünf ver-

schiedene Spiele. Das ist mal interessant, fand der kleine Elefant.

Sofort trabte er mit seinem Fund zurück ins Elefantenlager.

beliebig aufeinander klapsen

Zuerst spielte er Werfen. Die Kokosnuss flog hoch in die Luft, dann landete sie vor seinen Beinen.

alle Instrumente gleichzeitig, einmal

Peng!

Er warf noch einmal und noch einmal.

alle Instrumente gleichzeitig, aber zweimal

Peng!   Peng!

Wieder daneben! Aha. Das mit dem Fangen musste er noch einmal verschieben. Es klappte noch nicht ganz so gut. Dabei konnte er doch schon so gut werfen! Dann begann der Elefant mit dem Rollspiel. Das war unheimlich lustig.

Chor 1:
Rollflächen mit Ball in der ◯

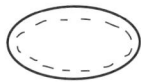

Zumindest, solange die Kokosnuss nicht an die Beine seiner Elefantenkameraden kullerte!

Als ihm das zum dritten Mal passierte, beschloss er, das nächste Spiel auszuprobieren. Das mit dem Kullern.

Aber er stellte bald fest, dass es dasselbe Spiel wie vorher war. Kullern und Rollen war nicht sehr verschieden. Hoppla, wieder ein Elefantenbein getroffen!
Bevor ihn der Rüssel seiner Mama auf den Po traf, lief er schnell davon. Das ist überhaupt nicht interessant, fand der Elefant, sondern eher schmerzhaft.

Der kleine Elefant verbrachte den ganzen langen, sonnigen wunderschönen Dschungeltag mit seinen Spielen.

Chor 2:
Rollflächen mit Murmel in der

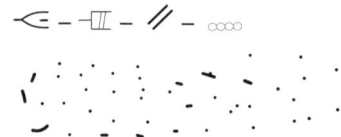

nacheinander:
Wischflächen auf allen Fellinstrumenten und Xylophonen ▥

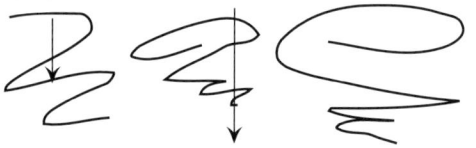

dazu: Cluster und Glissandi auf ▭

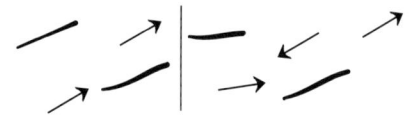

dazu: sirenenähnliche Pfeiftöne

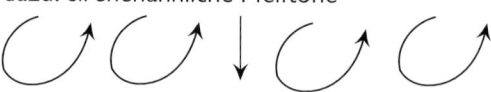

Wenn er müde war, schob er das Riech-
spiel ein. Er konnte sich nicht entschei-
den, welches Spiel das lustigste war.
Auch am Abend noch nicht, als er sich,
mit der Werf-Fang-Roll-Kuller-Kokos-
nuss ganz dicht neben seinem Kopf, auf
den warmen grünen Dschungelboden ku-
schelte.

wie vorher, jedoch leise und immer leiser
werden

Das war mal interessant ... dachte der
Elefant ... und schon schlief er ...

pp

dazu leises Schnarchen

bis zum
Verlöschen · · · · · · · · ·

und träumte den Elefanten-Song.

Finale: Elefanten-Song (siehe Seite 94)

Elefanten-Song

Tonvorgabe

Parlando (Chor 1)

Son - ne, Ur-wald, Was-ser, Es - sen, auch das Spie-len nicht ver - ges-sen!

Son - ne! Ur - wald! Was - ser! Es - sen!

(Tonvorgabe)

Singen (Chor 2)

Das ist in-te-res - sant, fand der E - le - fant. Das

D A D A G D

ist heut ein schö-ner Tag, wie ein E - le - fant ihn mag.

hm A D A⁷ D D.C.

= alternativ „Hand clap"

Der blaue Fisch

Ein Fabel(-haftes) Spiel

Instrumente-Organisation

1) Wassermusik: Glockenspiel ⬚, Metallophon ⬭ , der große graue Fisch: Rahmentrommel ○,
Holzblocktrommel ⬛, Cabaza ▦, Becken ⊤, (immer als Gruppe)

2) der blaue Fisch ◇

3) die Seeanemone ⊥ ⎫

4) der Rochen ♉ ⎬ Solo

5) das Seepferdchen ⬚ oder

6) die Muschel ⧗ ⎭ Gruppe

Schlussmusik (alternativ): Glockenspiel, Metallophon, Bongos, Becken, Chor

Verlauf

Phase 1 • Erfahren der Konträr-Begriffe „langsam – schnell", „laut – leise"

        a) durch Bewegungsgestaltung

        b) als Sprechübung

        c) im Instrumentalspiel

Phase 2 • Erzählung

Phase 3 • Bezugspiel „Text – Instrument"

Phase 4 • Klangspiel

Phase 5 • Schlussmusik

◆◆◆◆◆

Wassermusik: ruhig und leise, frei im Rhythmus

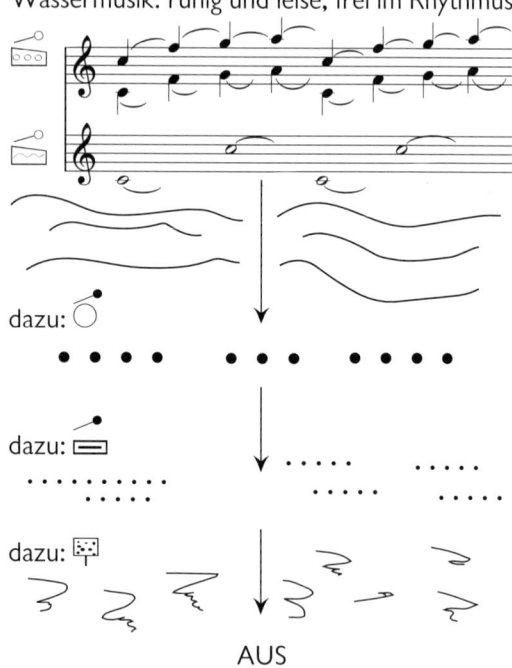

(dazu:)
Blauer Himmel, blaues Meer, blauer Fisch. Das kann ja gar nicht gut gehen!

Der große graue Fisch schüttelte verwundert und nachdenklich seinen Kopf,

wackelte mit dem Schwanz,

und ließ die Kiemen flattern.

AUS

Eintausendvierhundertzwölf graue Fischlein umschwirrten die stolze Mutter, und
das winzige eintausendvierhundertdreizehnte Fischlein war einfach blau!

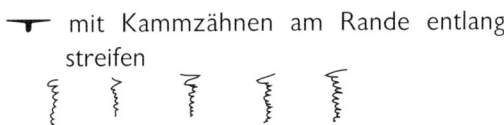

mit Kammzähnen am Rande entlang
streifen

Hätte die Fischmutter nicht genau hinge-
schaut, sie hätte es fast nicht gesehen. Sie
scheuchte ihre eintausendvierhundertzwölf Kinder ängstlich zusammen, denn
das Meer birgt viele Gefahren für neuge-
schlüpfte, winzige Fischlein.

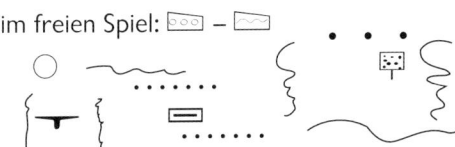

im freien Spiel:

Und schon hatte sie ihr letztes Kind aus
den Augen verloren. Und doch war es da!
Es schwamm ganz am Ende des grauen
Fischschwarms und war einfach nicht zu
sehen.

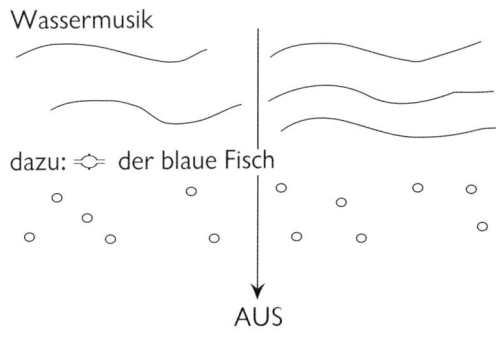

Wassermusik

dazu: der blaue Fisch

AUS

Ganz vergnügt schwamm es hinterher
und sah sich neugierig um. Alles war neu
und so aufregend.

Weit unter ihm wiegte eine rote Seeanemone ihre Blätter mit der sanften Strö-
mung des Wassers.

die Seeanemone: 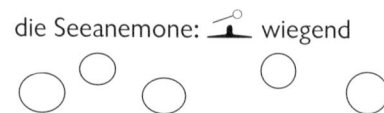 wiegend

Der blaue Fisch tauchte hinab und stupste
sie an. „Hallo, wer bist du?"

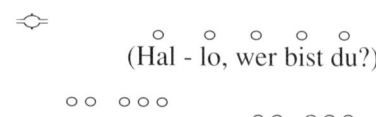

(Hal - lo, wer bist du?)

Die Seeanemone sah sich erstaunt um,
schüttelte sich, als ob ein Halm sie gestreift habe und wiegte sich dann weiter
wie vorher, als gäbe es keinen blauen
Fisch. Und doch war er da!

 im freien Spiel

Der blaue Fisch fand das nicht besonders
nett. Er kehrte der Seeanemone die kleine
Schwanzflosse zu und schwamm davon.

 langsam und klingend

Doch wo war nur seine Familie? Ganz
weit vorne glaubte er den grauen Fischschwarm zu ahnen.
Schnell bewegte er seine winzigen Flossen, um ihn wieder einzuholen.

schnell

Aber das waren gar nicht seine Geschwister, sondern ein sehr eigenartiges Wesen.
Es hatte Flossen wie Flügel und es war

riesengroß. So groß, dass es den blauen Himmel, der durch die Oberfläche leuchtete, ringsumher verdunkelte. Ein Rochen.

(dazu:)
Er segelte mit königlichem Stolz durch das Wasser, und die weichen Wellen, die er machte, wiegten den blauen Fisch fröhlich auf und ab.

Der blaue Fisch schwamm glucksend vor Vergnügen zu ihm und stupste ihn an. „Hallo, wer bist du?"

Der Rochen sah sich erstaunt um, schüttelte sich, als ob ein Halm ihn gestreift habe und segelte dann weiter wie vorher, als gäbe es keinen blauen Fisch. Und doch war er da!

Der blaue Fisch fand das nicht besonders nett. Er kehrte dem Rochen die kleine Schwanzflosse zu und schwamm davon.

Doch wo war nun seine Familie? Ganz weit hinten glaubte er den grauen Fischschwarm zu ahnen. Schnell bewegte er

der Rochen: ⊖ mehrere Kinder trommeln mit den Händen leise, wellenartig auf das Fell

AUS

im freien Spiel

⊂⊃ langsam

○   ○   ○   ○

seine winzigen Flossen, um ihn wieder einzuholen.

Aber das waren gar nicht seine Geschwister, sondern ein Tier, das aufrecht im Wasser schwamm! Es hatte ein spitzes Gesichtchen, einen braunen gebogenen Körper und einen eingerollten Schwanz. Ein Seepferdchen!

Der blaue Fisch konnte fast nicht Schritt halten bei diesem Galopp durch das Meer. Er jagte aufgeregt hinterher und holte es tatsächlich ein. Er stupste es an. „Hallo, wer bist du?"

Das Seepferdchen hielt an, sah sich erstaunt um, schüttelte sich, als ob ein Halm es gestreift habe und ritt dann weiter wie vorher, als gäbe es keinen blauen Fisch. Und doch war er da!

Der blaue Fisch fand das nicht besonders nett. Er kehrte dem Seepferdchen die kleine Schwanzflosse zu und schwamm davon.

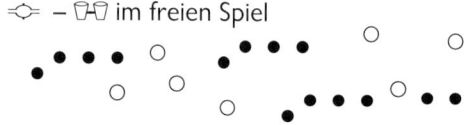

schnell

das Seepferdchen:

(hoppela hopp)

– im freien Spiel

langsam

Doch wo war nur seine Familie? Ganz weit unten glaubte er den grauen Fischschwarm zu erahnen. Schnell bewegte er seine winzigen Flossen, um ihn wieder einzuholen.

Aber das waren gar nicht seine Geschwister, sondern ein Tier, das aus zwei Hälften zu bestehen schien. Sie standen wie zwei Teller im Sand. Plötzlich klappten die Teile zu und gleich darauf wieder auf. Und wieder zu und wieder auf. Und nochmal und nochmal, dass der Sand des Meeresbodens aufwirbelte. Eine Muschel!

die Muschel: mehrmals freudig und hell
gegeneinander schlagen

Der blaue Fisch schwamm ganz dicht an die Muschel und stupste sie an.
„Hallo, wer bist du?"

Die Muschel sah sich erstaunt um, schüttelte sich, als ob ein Halm sie gestreift habe und klappte dann weiter wie vorher, auf und zu, als gäbe es keinen blauen Fisch. Und doch war er da!

im freien Spiel

Der blaue Fisch fand das nicht besonders nett. Er kehrte der Muschel die kleine Schwanzflosse zu und schwamm davon.

langsam

○   ○   ○   ○

Doch wo war nur seine Familie? Ganz weit oben glaubte er den grauen Fischschwarm zu ahnen. Schnell bewegte er seine winzigen Flossen, um ihn wieder einzuholen.

schnell

○○○○○○○○○○○○○○○○

Aber das waren gar nicht seine Geschwister, das war ein Gebilde aus lauter Fäden, Knoten und Korken. Es sank geheimnisvoll gefährlich um den blauen Fisch und hüllte ihn ein. Er spürte sich durch das Wasser gezogen, er spürte plötzlich andere Tiere und hörte aufgeregte Stimmen. Das Meer hatte seine Ruhe und seinen Frieden verloren. Es war ein Netz!

Tutti: alle Kinder an allen Instrumenten mit lautem, freien und aufgeregten Spiel

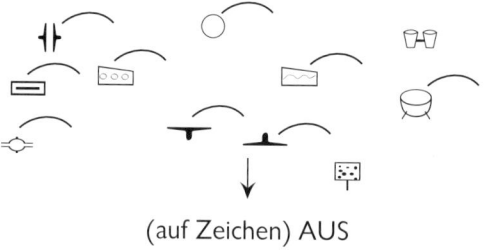

(auf Zeichen) AUS

Er entdeckte die Seeanemone,

den Rochen,

das Seepferdchen,

die Muschel

und noch viele andere Meeresbewohner neben, unter und über sich. Es war ein Gezapple, Gerufe und Gezeter neben, unter und über ihm.

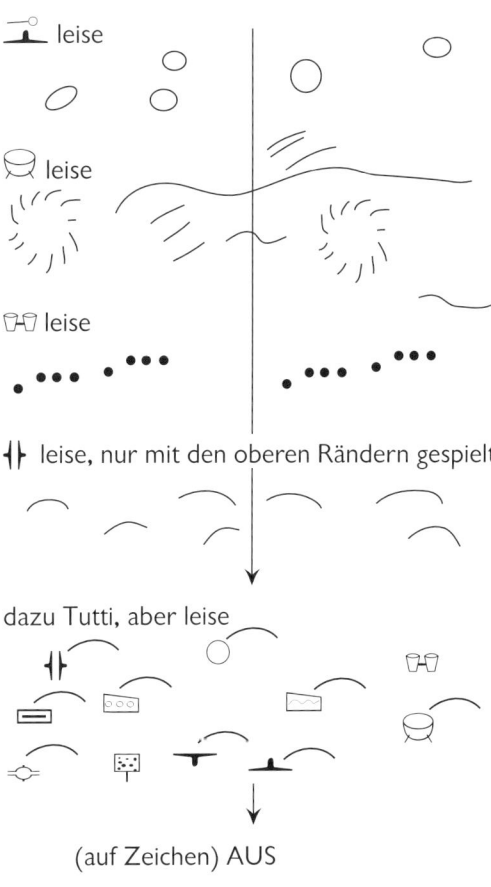

Diesmal stupste er keinen an. Das Netz wurde langsam nach oben an die Oberfläche gezogen

und im Netz wurde es plötzlich ganz still.

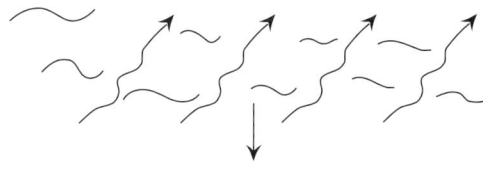

AUS – Pause – Stille

Ein Mann beugte sich über das Netz und rief: „Pech gehabt, keinen einzigen Fisch haben wir gefangen! Nur Schrott!" Und er kippte alle zusammen wieder ins Meer, als ob es keinen blauen Fisch gäbe. Und doch war er da!

„Keinen Fisch? Bin ich kein Fisch?", fragte der blaue Fisch laut und wütend und umkreiste die Seeanemone, das Seepferdchen, den Rochen und die Muschel. Und diesmal sahen sie ihn, weil das Licht der Sonne noch auf seine blauen Schuppen fiel. Sie erkannten seine Stimme und fingen alle miteinander zu lachen an.

„Doch, aber man kann dich nicht sehen, du Glückspilz! Ein blauer Fisch im blauen Wasser unter dem blauen Himmel! Du musst eine Glücksnummer gezogen haben!"
Und schon sahen sie ihn nicht mehr. Und doch gab es ihn.

Nun verstand der blaue Fisch die Tiere. Er war ein ganz besonderer Fisch. Er war der eintausendvierhundertdreizehnte Fisch und ist immer blau. Er war praktisch unsichtbar.

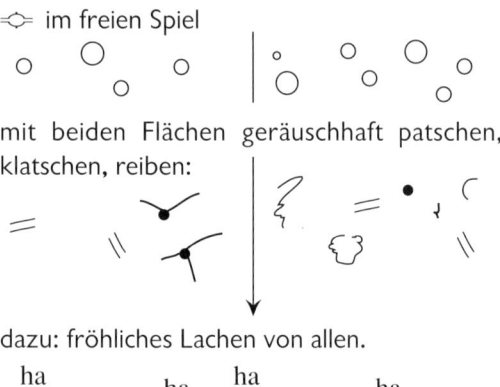

im freien Spiel

mit beiden Flächen geräuschhaft patschen, klatschen, reiben:

dazu: fröhliches Lachen von allen.

ha ha ha ha
ha ha ha ha ha ha ha
ha ha

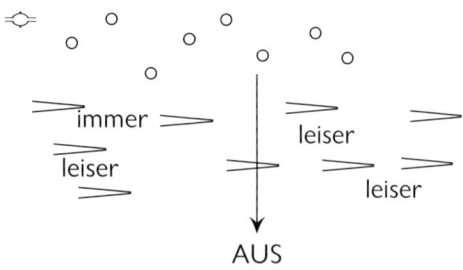

immer leiser
leiser
leiser

AUS

104

„Hallo, wo bist du? Herzlich willkommen in der Welt des Meeres!", rief die Seeanemone.

die Seeanemone wiederholend:
„Hallo, wo bist du? Herzlich willkommen in der Welt des Meeres!"

Er stupste sie an und sie wiegte ihn in ihren roten Armen.

die Seeanemone:

„Hallo, wo bist du?", rief der Rochen.

der Rochen wiederholend:
„Hallo, wo bist du?"

Der blaue Fisch stupste ihn an und seine Flügel trugen ihn auf und ab.

der Rochen:

„Hallo, wo bist du? Komm, tanz mit mir!", rief das Seepferdchen.

das Seepferdchen wiederholen:
„Hallo, wo bist du? Komm tanz mit mir!"

Der blaue Fisch stupste es an und es nahm ihn auf seinen Rücken und sie ritten zusammen im Kreis herum.

das Seepferdchen:

„Hallo, wo bist du? Spiel mit mir im Sand!", rief die Muschel.

die Muschel wiederholend:
„Hallo, wo bist du? Spiel mit mir im Sand!"

Er stupste sie an und zusammen wirbelten sie den Meeresboden auf.

die Muschel:

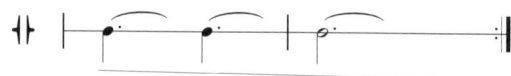

Aber wo war nur seine Familie? Er hat sie nicht mehr gefunden. Aber er war auch so sehr glücklich mit seinen Freunden. Seine Geschwister hätten ihn sowieso nicht gesehen und doch war er da!

Und seine Mutter hatte nicht recht gehabt. Es ging sehr gut mit dem blauen Fisch und er wurde sehr, sehr alt.

Schlussmusik und Chor: Der blaue Fisch im Meere

* Einsatz nacheinander (kumulierend)

Was soll ich nur tun?, dachte das Huhn

Eine Oper im Hühnerstall

Mitwirkende
1. Solist – Huhn ▭
2. Solist – Katze ∞∞∞
3. Solist – Bäuerin ⌐▥
4. Solist – Hund ◁/○

} auch chorisch
zu besetzen

Chor

Maracas , Holzblocktrommel ▭, Rahmentrommel ○, Triangel △, Becken ⊤/⊥, Schellenband ∘∘∘ , Glockenspiel ▭∘∘, Rahmenschellentrommel ◌; möglichst alles mehrfach.

Finale-Orchester:

Glockenspiel(e) ▭∘∘

Xylophon(e) ▥

Chor

Einstudierung

1. Akt – Einführung - Erzählung
2. Akt – Dreiton-Motiv: „Was soll ich tun ..."
3. Akt – Klangaktionen der Instrumente
4. Akt – Gagaack-Song (Ouvertüre)
5. Akt – Finale: Instrumental-Vorspiel
6. Akt – Aufführung

Ouvertüre

▥ oder Instrument nach Wahl

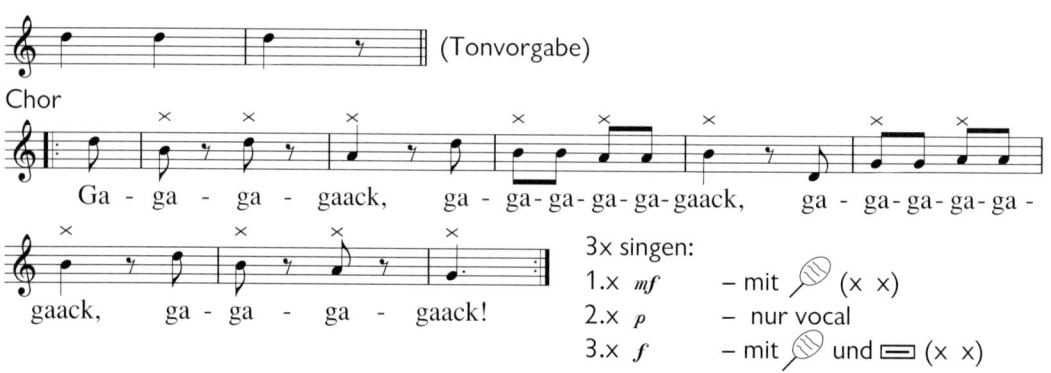

3x singen:

1.x *mf*   – mit  (x x)

2.x *p*   – nur vocal

3.x *f*   – mit  und ▭ (x x)

Chor laut rufend:

Kii-ke-ri-kiiii

„Was soll ich nur tun?", dachte das Huhn und stakste gelangweilt über den Hühnerhof.

Es scharrte in der Erde und pickte ein Körnchen vom Frühstück auf, das der Hahn in seiner Gier übersehen hatte.

Die älteren Hühner auf dem Hof schienen diese Sorgen nicht zu haben. Das Huhn blickte sich um. Die anderen gackerten zufrieden miteinander und erzählten sich den neuesten Hühnerhofklatsch.

Ab und zu warfen sie dem Hahn auf dem Misthaufen einen verschämten Blick zu. So ein stolzer, dämlicher Hahn! Wie er da so aufrecht stand, seinen Kamm stellte und in den Morgen krähte.

Ärgerlich wandte sich das Huhn um und stolzierte in die andere Richtung. „Was soll ich nur tun?", dachte das Huhn wieder.

1. Solist
auf

1. Solist
mit Fingern/Fingerhüten
auf ▭ trommeln

Chor mit ○ :
– scharren und klopfen mit Fingerspitzen auf dem Fell oder auf dem Rahmen

Chor mehrmals:
Kii-ke-ri-kiiii

Chor: (immer zögernd und nachdenklich)

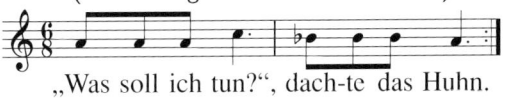

„Was soll ich tun?", dach-te das Huhn.

Ob es auch mal versuchen sollte zu krähen? Warum denn nur der Hahn! „Das
könnte ich tun", dachte das Huhn.

Chor:

„Das könnt' ich tun", dach-te das Huhn.

Hinter dem Schweinestall war es alleine.
Einen Versuch war es wert. Das Huhn
stellte seinen Kamm, den es nicht hatte,
blähte den Kehlsack, den es nicht hatte
und … gackerte.

Chor: gedehnt im Unisono:
gaaaaaack, gaaaaaack, gaaaaaack

Nein, das hatte keinen Sinn. Es war kein
Krähen, sondern ein grässliches, langge-
zogenes Stöhnquietschgegacker.

Chor – heterophon:
langsam, stöhnend, quietschend
gaaaaaack, gaa – gaa – gaaaack

Peinlich. Das Huhn schaute sich verschämt um. „Nein, das kann ich nicht
tun", dachte das Huhn!

Chor:

„Kann ich nicht tun", dach-te das Huhn.

Es wackelte wieder hinter dem Schweinestall hervor und hätte es unschuldig
pfeifen können, hätte es das getan. Da
entdeckte es am anderen Ende des Hofes
eine Katze. Sie lag auf einem Stein und
blinzelte in die Sonne.

2. Solist
 leicht schütteln

„Das könnte ich tun", dachte das Huhn.

Chor:

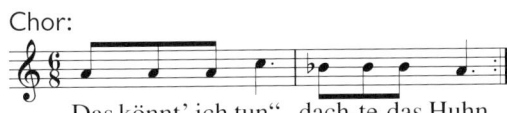

„Das könnt' ich tun", dach-te das Huhn.

Es suchte sich einen Stein und legte sich hin. Genauer gesagt, es plumpste sich hin, doch keiner hatte es gesehen. Das Huhn streckte seine zwei dünnen Beine in die Luft und blinzelte in die Sonne. Wie die Katze.

1. Solist
dazu Chor:

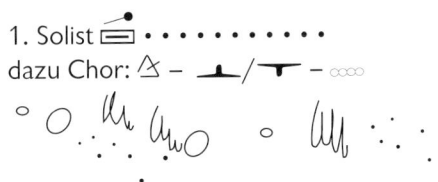

Doch kaum hatte es sich einigermaßen zurechtgelegt und einigermaßen Gefallen daran gefunden, wurde es von einem grässlichen Gekreische wieder hochgeschreckt.

3. Solist mit

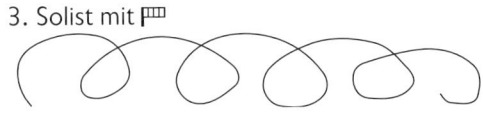

Die Bäuerin hielt es für tot. Ich glaube, so schnell war noch kein Huhn wieder auf den Beinen und auf und davon.

1. Solist auf

Und als ein dummes Huhn hatte es sich beschimpfen lassen müssen. Beleidigt schüttelte das Huhn sein Gefieder, das bei der Flucht ein wenig in Unordnung geraten war.

Chor mit

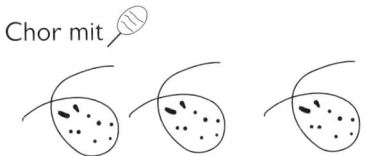

„Aber was soll ich nur tun?", dachte das Huhn niedergeschlagen.

Ich kann nicht krähen, ich kann mich nicht sonnen. Es muss doch was zu tun geben, für ein Huhn. Das Huhn machte sich entschlossen wieder auf Tour.

Diesmal beobachtete es den Hofhund. Der lag vor seiner Hütte, hatte den Kopf auf die Vorderpfoten gelegt und knabberte gemütlich an einem Knochen.

„Er hat zu tun", dachte das Huhn.

Das brauchte es gar nicht erst zu versuchen. Das Huhn hatte keine Hütte, keine Vorderfüße, um den Kopf drauf zu legen und keinen Knochen.
„Die Welt ist ungerecht", dachte das Huhn und machte sich auf zu den älteren Hühnern.

Chor: (immer zögernd und nachdenklich)

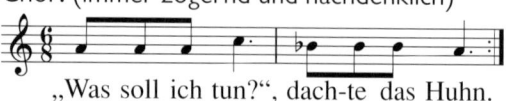

„Was soll ich tun?", dach-te das Huhn.

1. Solist
auf ▭
• • • • • • • • • • • • • • • • • •

4. Solist mit ⧸ auf ○ klapsen

Chor:

„Er hat zu tun", dach-te das Huhn.

1. Solist
auf ▭
• • • • • • • • • • • • • • • • • •

„Was sie wohl tun?", dachte das Huhn.

Chor:

„Was sie wohl tun?", dach-te das Huhn.

Vielleicht konnte es etwas lernen. Aber nicht das Gegacker. Das kannte es schon. Nein, *das* Gegacker kannte es nicht. Das war nicht mehr das Hofklatschgegacker von vorhin. Und durcheinander standen die Hühner auch nicht mehr. Sie saßen da, na wie Hühner auf der Stange und gackerten zum Herzerweichen. Was sollten sie sonst auch tun?

oder Flöte

dazu Chor:

Herz-er-wei-chen. Herz-er-wei-chen.

dazu 1. Solist auf

Verwundert stakste das Huhn näher.

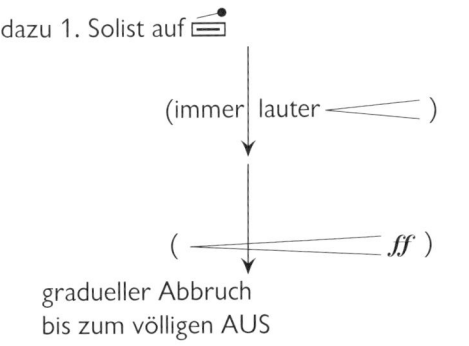

(immer lauter ⟵)

(⟵ *ff*)

gradueller Abbruch bis zum völligen AUS

Die Hühner sahen sehr zufrieden aus. Das Gegacker steigerte sich in höchste Töne und brach ab. Eines nach dem anderen.

Und unter ihnen? Lag ein Ei!

Chor: mit Querstab Cluster auf

„Soll ich *das* tun?", dachte das Huhn und flugs saß es auf der Stange. Es schlug begeistert mit den Flügeln, gackerte so laut und schön es eben konnte …

Chor: gagagagagagagaga – – –
dazu in voller Aktion

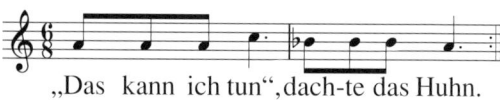

und da war es. Das erste Ei seines Lebens.

Chor: mit Querstab Cluster
auf ☐☐☐

Es flatterte von der Stange und staunte. Ein herrliches weißes Ei,

Chor: mit Querstab Cluster
auf ☐☐☐

sein Ei,

Chor: mit Querstab Cluster
auf ☐☐☐

sein wunderschönes, erstes, weißes Ei.

Chor: mit Querstab Cluster
auf ☐☐☐

„Das kann ich tun", dachte das Huhn und stolzierte mit hoch erhobenem Kopf wieder hinaus auf den Hof.

dazu Chor:

„Das kann ich tun", dach-te das Huhn.

Den Hund und die Katze ließ es links liegen. Dem Hahn aber warf es nun auch einen Blick zu. Doch nicht etwa verschämt, sondern eher stolz. Und es begann seinen Gagaack-Song, in den alle mit einstimmten.

Finale : Gagaack-Song (fakultativ)

Gagaack-Song

Jahrmarktzauber

Ein Spektakel als kreatives Instrumentenspiel

Instrumente

Heulschlauch oder Waldteufel ◎ – ☉⌒, Brummkreisel ⚬, Triangel △, Metallophon ▱, Drehorgel ⊞, Kindertrommel ∅, Flöten aller Art ▯, Kokosnuss-Hälften/Hartholzschalen ⌣, Schellenband ∞∞, Pauke ♉, Fahrradklingel ☺, Rahmentrommel ○, Holzblocktrommel ▭, Holzpeitsche ⟋, Becken ⫲, Gummirohrschlauch ⌇, Kazoo oder angeblasene Kammzähne ⫼⫼⫼,

Mofahupe ⌐, Vehicle-Instrumente, Metallblock ■, Glockenspiel ▭, Schellenrassel ✗, Rahmenschellentrommel ○, Kindertrompete ⊨, Kindergitarre ♯, Mundharmonika ⊂▥, Xylophon ▥, Mundsirene ◁

Organisation
das schwebende Gespenst
alle übrigen Klangaktionen nach Bedarf und
Situation

Verlauf
Das ganze Spiel unbedingt in mehreren Phasen
realisieren. Raum für instrumentales Improvisieren und Experimentieren geben!

◆◆◆◆◆

„Huuuh",
(stets begleitend mit dem Heulschlauch ℮)
machte das Gespenst heute zum 345.
Mal.

Dabei erhob es sich, reckte die Gespensterarme in die Höhe und sackte wieder in
sich zusammen.

Bis der nächste Wagen durch die Dunkelheit schaukelte. Das Gespenst stand nämlich in der Ecke einer Geisterbahn auf
dem Jahrmarkt. 346mal, 347mal, dann
hörte es auf zu zählen.
Huuuh, Huuuh, Huuuh!

⌐ (immer langsam bis schnell)

gespensterlich lautmalende Wiederholungen

Huuuuh   Huuuuh

↓
AUS

So was Langweiliges. Da traf es ganz plötzlich und ganz gespenstisch ein Mondstrahl. Er schien durch die Ritze der Budenwand in der äußersten Ecke der Geisterbahn auf dem Jahrmarkt und dem Gespenst genau in das Gesicht. Ein Jahrmarktmondzauberstrahl.

Streifschlag auf △ oder ↗ Glissando mit Metallstab auf ▭

Aber das wusste das Gespenst noch nicht! Als es dann zum, ach niemand weiß, wievieltenmal mit lautem Huuuh die Ärmchen hochreckte und wieder in sich zusammensinken wollte, schwebte es fort von seinem Platz!

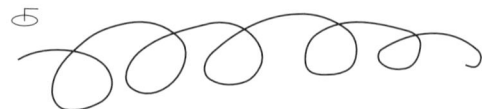

Vor Schreck blieb es gleich oben an der Budendecke hängen. Es sah nach unten, wieder schaukelte ein Wagen durch die Geisterbahn, aber der Platz in der äußersten Ecke war leer.
Sein Platz! Nur ein heller Fleck war zu sehen. Das Licht des Mondes. Da begriff das Gespenst. Es war frei! Huuuh, Huuuh, Huuuh! Vor Freude konnte es gar nicht sofort wieder aufhören mit dem Huhen!

freudig und ausgelassen

Von allen Seiten klang das Echo des Rufens von den Budenseiten zurück, es war viel gespenstischer, als alles Gehuhe bisher. Was war schon ein einziges Huuuh gegen dieses Spektakel.

Aber niemand schien es zu hören oder zu stören. Das Gespenst war unhörbar für all die Erwachsenen da unten. Nur ein Kind sah verwundert nach oben. Doch Angst schien es auch nicht zu haben. Noch einmal schickte das Gespenst Huuuhs durch die Bude, dann schwebte es langsam aus einem Spalt im Dach der Geisterbahn.

Endlich würde es sehen, was es bisher nur gehört hatte! So viele unbekannte Geräusche waren durch die Bretterwand der Geisterbahn gedrungen! Das Gespenst schwebte auf die vordere Kante des Vorbaus der Geisterbahn und setzte sich ganz frech auf den Schwanz eines Monsters.

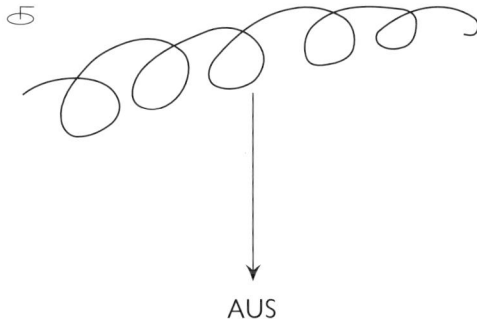

AUS

Erst musste es ja einmal feststellen, woher die Geräusche kamen. Es hörte lustige Musik, Trommeln und Pfeifen. Das kam von rechts.

Es hörte Getrappel, Wiehern und Schellen. Das kam von links.

Es hörte Schläge und Klingeln. Das kam
von hinten.

 und (Fahrrad-) Klingel

Es hörte Platzen von irgendwas. Das kam
von vorne.

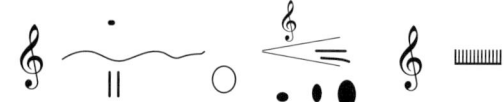

Es hörte ohrenbetäubende Blasmusik.
Das kam aus dem Zelt.

tuten und blasen mit Gummirohrschlauch,
Haushaltstrichter, Kazoo, dazu ⫞ und ♺

Es hörte Kreischen und Lachen von Menschen. Das kam von oben.

überschwengliches Lachen

ha^{aaaa} ha^{aaaa} ha^{aaaa}

Es hörte Blech aufeinander krachen. Das
kam von unten auf der anderen Seite.

lärmend mit Mofahupe, Vehicle-Instrumenten,
⫞, △, ■

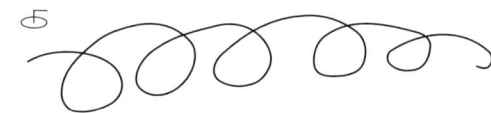

Wohin sollte es zuerst? Die andere Seite
war nicht weit. Also schwebte es gespannt nach unten auf die andere Seite.

Auf einer glänzenden Fläche rumpelten Blechautos in den Kurven, krachten aufeinander. Dazu tönte laute fröhliche Musik. Es quietschte, Bremsen kreischten, Glocken bimmelten.

Und wo war es gelandet? Du kennst sicher den Namen, den das Gespenst nicht kannte! Aber es fand es herrlich, auch ohne Namen und es hörte begespenstert und begeistert dem Lärm zu.

Nun schwebte es nach oben, dorthin von woher das Lachen und Kreischen der Menschen kam.

Kleine Wagen fuhren in einem Höllentempo auf Metallschienen bergauf und bergab. In den Tälern kreischten und lachten die Menschen, in den Kurven rasselten die Räder, auf den höchsten Stellen der Bahn tuteten Trompeten.

lärmend mit Mofahupe, Vehicle-Instrumenten,

lärmend mit Mofahupe, Vehicle-Instrumenten,

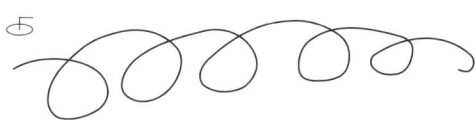

überschwengliches Lachen

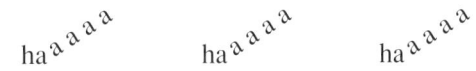

dazu: Glissando auf, –

schütteln, Kindertrompete

Und wo war es gelandet? Du kennst sicher den Namen, den das Gespenst nicht kannte! Aber es fand es herrlich, auch ohne Namen und es hörte begespenstert und begeistert dem Lärm zu.

überschwengliches Lachen

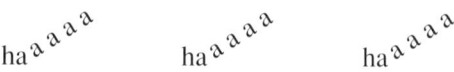

dazu: Glissando ⤢ auf ▭, ✄ – ◯ schütteln, Kindertrompete ▸◁

Nun schwebte es zum Zelt, dorthin, von woher die ohrenbetäubende Blasmusik kam.

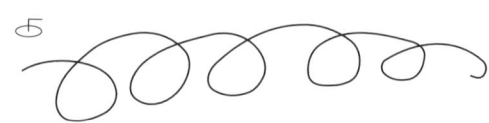

Türen schwangen auf und zu, die Menschen wussten wohl nicht, ob sie rein oder raus wollten. Das Gespenst wollte lieber draußen bleiben, da war es sicher. Die Musik war auch so laut genug. Es hörte Hörner, Posaunen, Trommelwirbel, Schlagzeug, Gitarren und noch viele andere Instrumente.

tuten und blasen mit Gummirohrschlauch, Haushaltstrichter, Kazoo, dazu ⧓ und ⊌

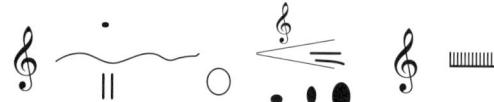

und dazu: Kindergitarre ⌗,
Mundharmonika ▭

(alles in freier Metrik und Melodik)

Aber die kannte das Gespenst ja alle nicht. Und wo war es gelandet? Du kennst sicher den Namen, den das Gespenst nicht kannte! Aber es fand es herrlich, auch ohne Namen und es hörte begespenstert und begeistert dem Lärm zu.

tuten und blasen mit Gummirohrschlauch, Haushaltstrichter, Kazoo, dazu ⊦ und ◯

und dazu: Kindergitarre ⌗,
Mundharmonika ▭ (wie oben)

Nun schwebte es nach vorne, von woher das Platzen von irgendwas kam.

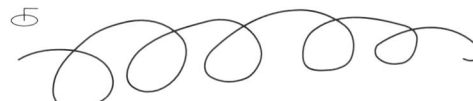

Vor einer Bude lehnten Männer, Frauen und Kinder und hatten etwas Langes aus Metall vor sich. Manche klemmten sich das Ding unter das Kinn und dann krachte es.

gleichzeitig auf ◯ und ▱ oder mit ▬◢

· ·   ·   ·

Ein Platzen. Wieder krachte es, wieder ein Platzen.

gleichzeitig auf ◯ und ▱ oder mit ▬◢

· ·   ·   ·

Und jedesmal lachten die Leute und freuten sich. Viele bekamen sogar eine Blume! Die kannte das Gespenst aus der Geisterbahn. Vor Schreck hatte schon mancher in der äußersten Ecke bei seinem Huuuh eine Blume fallen gelassen. Krachen, Platzen, Krachen, Platzen.

gleichzeitig auf ◯ und ▱ oder mit ▬◢

· ·   ·   ·

(mehrmals)

Und wo war es gelandet? Du kennst sicher den Namen, den das Gespenst nicht kannte! Aber es fand es herrlich, auch ohne Namen und es hörte begespenstert und begeistert dem Lärm zu.

gleichzeitig auf ◯ und ▱ oder mit ▬◢

· ·   ·   ·

(mehrmals)

Nun schwebte es nach hinten, von woher die lauten Schläge kamen.

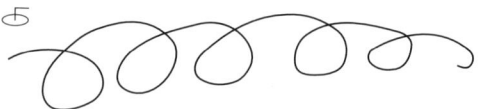

Doing, Doing.

Ganz regelmäßig. Es sah einige Leute um einen Holzpflock stehen und ein Mann hob etwas Schweres hoch, ließ es herunter auf den Pflock sausen. Ein seltsames Ding zischte auf einer Stange nach oben und dort klingelte es. Doing, Sssst, Klingeling. Doing, Sssst, Klingeling.

(Langsam beginnen, bis der Ablauf aufgenommen wird, dann mehrmals zügig)

Doing
Sssst
Klingeling

Ein Kind versuchte es auch. Doing, Ssst – nicht Klingeling.

mehrmals  und Sirene

Dann eine Frau. Doing, Sssst, Klingeling. Toll!

mehrmals

Und wo war es gelandet? Du kennst sicher den Namen, den das Gespenst nicht kannte! Aber es fand es herrlich, auch ohne Namen und es hörte begespenstert und begeistert dem Lärm zu.

mehrmals

Nun schwebte es dorthin, von woher das Getrappel, das Wiehern und das Schellengeläute kam.

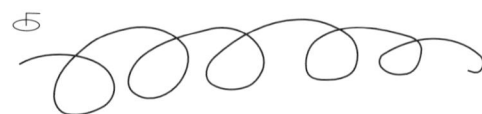

Es sah hohe Tiere, Kinder saßen darauf, hielten sich an den Haaren der Tiere fest. Trapp, Trapp ging es immer im Kreis herum.

Pferdegetrappel mit 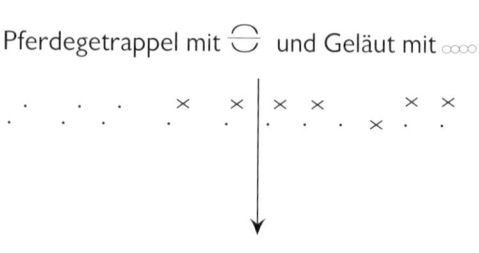 und Geläut mit ○○○○

Die Schellen bimmelten fröhlich, das Tempo wurde schneller: trapp, trapp, trapp, trapp, trapp, trapp, bimmel, bimmel.

dazu: parlando und Fußgetrappel

trapp trapp trapp trapp trapp trapp trapp trapp
bim - mel   bim - mel   bim - mel   bim - mel

Das gefiel dem Gespenst schon sehr gut! Es hätte riesig Lust gehabt, das auch mal auszuprobieren. Aber wie würden die Kinder und Menschen reagieren? Nein lieber doch nicht! Und wo war es gelandet? Du kennst sicher den Namen, den das Gespenst nicht kannte! Aber es fand es herrlich, auch ohne Namen und es hörte begespenstert und begeistert dem ganzen Lärm auf dem Jahrmarkt zu. Dem Lärm von unten, oben, rechts, links, vorne und hinten.

alle Spieler frei und kreativ auf ihren Instrumenten:

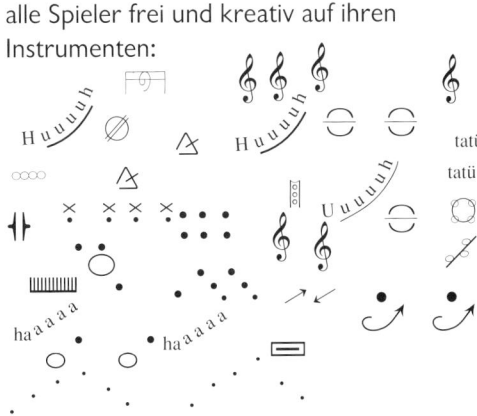

Es war frei und es konnte machen, was es wollte. Hier hatte es nun alles gesehen, was so herrliche Geräusche machte. Aber sicher gab es noch viele andere in der großen Welt, als nur in der kleinen Welt des Jahrmarktes. Du kennst sie wohl, aber das Gespenst schwebte gespannt weiter, fort vom Jahrmarkt, um sie alle kennenzulernen.

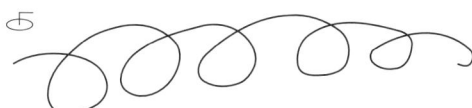

Da ist Musik drin!

Susanne Brandt-Köhn

Bärenstark und mauseschlau

Neue Lieder mit Geschichten und Spielanregungen

76 S., s/w- Illustrationen, Noten, kartoniert, ISBN 3-7698-0765-0

Die Schöpfungsgeschichte und Märchen vom Zusammen-
leben der Menschen, Tiere und Pflanzen laden Kinder zum
Singen, Spielen und Basteln ein. Zu allen Geschichten gibt
es Lieder mit eingängigen, kinderleicht zu lernenden Melo-
dien und Texten. Die vielfältigen musikalischen Mitmach-
aktionen kann man situativ auswählen oder zu einer thematischen Reihe verbinden.

Erzieherinnen, denen das Notenlesen schwerfällt, finden eine Auswahl der Lieder auf
der gleichnamigen MC (ISBN 3-7698-1017-1).

Susanne Brandt-Köhn

Sieben kleine Glitzersteine

Neue Spiellieder zu beliebten Märchen

78 S., s/w-Illustrationen, Noten, kartoniert, ISBN 3-7698-0819-3

Sieben kleine Glitzersteine – das sind sieben klassische
Märchen der Gebrüder Grimm, die zu den Favoriten der
Kinder gehören. Zu jedem dieser Märchen gibt es eine
Auswahl von mindestens drei Liedern, die nicht nur zum
Mitsingen, sondern auch zum Tanzen, zum Begleiten mit
Orff-Instrumenten und zum szenischen Spielen einladen. Eine Deutung zu jedem Mär-
chen erleichtert Erzieherinnen und Lehrerinnen die Auswahl nach aktuellen pädagogi-
schen Bedürfnissen der Kinder.

Die Lieder gibt es auch auf der gleichnamigen MC (ISBN 3-7698-1015-5).

Das klingt gut – Klanggeschichten!

Elisabeth Wagner hat mit ihren Klanggeschichten schon vielen Erzieherinnen und Lehrkräften, die sich selbst für musikalisch ungeübt halten, Mut gemacht, sich an das Musikerleben mit Kindern heranzuwagen.

Das Geheimnis ihres Erfolges: liebevolle und lustige Geschichten, die für Kinder verständlich erzählt sind und deren musikalische Ausgestaltung durch einfache, symbolische Darstellungen zum Einsatz von Orff-Instrumenten kinderleicht ist. Jeder Geschichte sind eine detaillierte Aufzählung der benötigten Instrumente sowie Vorschläge zur Untermalung der Erzählfiguren durch Bewegungen vorangestellt.

„Nur Mut – einfach mitmachen!", so lautet das Motto der Autorin.

Elisabeth Wagner
Quacki, der kleine freche Frosch
37 lustige Klanggeschichten für Kinder von 3–8
80 S., Illustrationen und Grafiken, kartoniert,
ISBN 3-7698-0622-0

Der Klassiker unter den Klanggeschichtenbüchern! Quacki sollte mindestens einmal durch jedes Spielzimmer im Kindergarten oder durch die Schulräume hüpfen …

Elisabeth Wagner
Herr Blubberplop, der Wassermann
Neue Klanggeschichten und Lieder
60 S., Illustrationen, Grafiken und Noten,
kartoniert, ISBN 3-7698-0700-6

Tierisches und Fabelhaftes, wie die Ameise Krabbel oder Zibizicha, die Hexe mit dem langen Hexenbesen, tummelt sich in diesem Klanggeschichtenbuch, das zusätzlich durch einfache Lieder bereichert wird.

Elisabeth Wagner
Felix, das pfiffige Eichhörnchen
Klanggeschichten und Lieder für Kinder von 3–8
102 S., Illustrationen, Grafiken und Noten,
kartoniert, ISBN 3-7698-1100-3

Peter ist der Neue im Kindergarten; er lädt alle kleinen Musikanten ein, ihn durch sein erstes Kindergartenjahr zu begleiten … Außerdem summen, trippeln und stampfen viele Fantasiefiguren durch die Buchseiten.

Elisabeth Wagner
Quacki, Felix, Blubberplop
Die Lieder zu den beliebten Klanggeschichten
von Elisabeth Wagner
Gesamtspielzeit 60 Minuten, ISBN 3-7698-1101-1

Für alle Wagner-Fans gibt es jetzt auch eine MC mit allen Liedern aus den bisher erschienen Klanggeschichtenbüchern und Hörbeispielen zu zwei ausgewählten Klanggeschichten. So wird Musikmachen mit den Kindern noch einfacher!

Orff-Instrumente: Spaß für Kinder

Hermann Gschwendtner

Kinder spielen mit Orff-Instrumenten

Anleitung – Themen – Modelle

88 S., Grafiken und Noten, kartoniert, ISBN 3-7698-0276-4

Mit Orff-Instrumenten können Kinder selbst Musik machen, die Verbindung von Sprache, Tanz, Bewegung und Tönen erleben und nach eigener Fantasie ausgestalten. Hermann Gschwendtner stellt Erzieherinnen und Lehrkräften in diesem Grundlagenbuch 22 Orff'sche Elementarinstrumente und ihre Einsatzmöglichkeiten vor. Mit spielerischen Übungen und variablen Bausteinen zeigt er, wie kleine Kinder mit großem Spaß den richtigen Einsatz der Instrumente erproben können.

Elisabeth Wagner

Orff-Instrumente kennenlernen

Ideen zur Jahresplanung mit Klanggeschichten, Liedern und Tanzspielen

72 S., s/w-Illustrationen, Grafiken und Noten, kartoniert, ISBN 3-7698-0819-3

Wie klingt es wohl, wenn ein Bär schwerfällig herumtapst? Ob dazu die Triangel passt – oder eher die Handtrommel? Elisabeth Wagner führt leicht verständlich in das Musikmachen mit Orff-Instrumenten ein. Alle von ihr vorgestellten Lieder, Klanggeschichten und Tanzspiele können direkt von den Kindern selbst begleitet und ausgestaltet werden. Das Experimentieren und Selbermachen der Kinder steht im Vordergrund. Eine praxisgerechte Hilfe zum Einstieg in das Orff-Instrumentarium für Erzieherinnen und Lehrkräfte.